T0283099

LA BELLEZA DE SER TÚ

OLGA ALEJANDRE

LA BELLEZA DE SER TÚ

La historia real de cómo sobreviví al TCA

Primera edición: septiembre de 2023

© 2023, Olga Alejandre
© 2023, Penguin Random House Grupo Editorial, S. A. U.,
Travessera de Gràcia, 47-49. 08021 Barcelona

Printed in Spain – Impreso en España

ISBN: 978-84-666-7617-5
Depósito legal: B-12.148-2023

Compuesto en Fotoletra, S. A.

Impreso en Rodesa
Villatuerta (Navarra)

BS 7 6 1 7 5

Índice

3. La clave de todo

Nota de la autora

En este libro trataré temas personales y sensibles relacionados con enfermedades mentales, como la depresión, y los trastornos de la conducta alimentaria. Mi objetivo es dar visibilidad a estas enfermedades, así como ayudar a dar una visión realista de ellas, ayudar a acabar con ciertos estigmas y ofrecer claridad sobre la mejor forma de salir de ellas (tanto por mi experiencia personal como profesional de la nutrición especializada en TCA). Si en algún momento os sentís identificados con mi testimonio o conocéis a alguien cercano que podría pasar por esto, buscad ayuda profesional (al final del libro he dedicado una sección sobre recursos prácticos que pueden ayudar).

Y, ante todo, recordad: no estáis solos.

Introducción

Jueves, 30 de noviembre de 2017

Son las ocho de la tarde aproximadamente. El teléfono comienza a sonar. Primer pitido. Una larga pausa. Segundo pitido y otra breve pausa. Descuelgan el teléfono al otro lado.

—¿Sí? —responde mi madre con emoción. Estaba contenta. Se le notaba en la voz la alegría que transmitía. Ese mismo día nos habían dado una muy buena noticia: teníamos un piso en alquiler en Madrid y por fin habíamos conseguido venderlo. Era un día para celebrar y disfrutar, aunque esa celebración estaba a punto de terminar.

—Hola, mamá —contesto yo con un tono entrecortado.

—¿Cómo estás, hija? —pregunta mi madre con curiosidad.

Se hace un largo y vacío silencio. No sé por dónde empezar.

—Hija, ¿estás bien? —El tono cambia casi de repente, sabe que algo pasa sin que haya dicho aún más de dos palabras. Las madres lo saben todo y, si no, lo intuyen.

—Mamá…, no, no estoy bien —digo entre sollozos.

—¿Qué pasa, Olga? ¿Ha ocurrido algo?

—No sé por dónde empezar, mamá; todo va mal. —Me rompo en pedazos. ¿Cómo le puedo contar algo que lleva atormentándome más de cinco años y de lo que ella no sabe nada? ¿Cómo puedo decirle las cosas que he hecho sin sentirme la persona más miserable del mundo? La vergüenza se apodera de mí, pero sé que tiene que saberlo, tengo que dar el paso.

—Cuéntame, Olga, por favor; me estás asustando.

—Tengo un problema. Un problema muy grave y ya no puedo más —respondo llorando—. He intentado hablar con la psicóloga, pero no me ha contestado aún y, sin quererlo, he empezado a pensar en lo peor, en que no quiero seguir viviendo esta tortura, prefiero irme de aquí que volver a enfrentarme a esto un día más.

—Pero ¿qué me estás diciendo, Olga? —Mi madre no daba crédito a lo que estaba escuchando y estaba muy asustada, se notaba incluso a pesar de que estuviese a más de cincuenta kilómetros de mí.

—Sí, mamá, he pensado en que quizá era mejor que me fuese de este mundo antes que seguir viviendo con este problema… Sé que está mal, no quiero hacerlo, pero tampoco puedo seguir así. Hago una pausa para respirar. He pensado en irme al hospital para que me ayuden, pero no sé adónde ir o qué hacer; estoy perdida, necesito ayuda.

—Olga, quédate donde estás, me pongo ahora mismo los zapatos y voy para allá. Por favor, no hagas nada. —Oigo que se mueve y empieza a bajar las escaleras de nuestra casa.

—Vale, mamá.

—En media hora estoy allí. Salgo ya mismo.

—Sí, te espero aquí.

Cuelga el teléfono.

Aunque yo entonces no lo sabía, este sería el inicio de una larga y muy dura recuperación. Llegaría a vivir momentos mucho más difíciles que este y aún tendrían que pasar demasiadas cosas para que saliese de ese túnel, pero este, aunque lejano, era el principio del fin.

No quiero adelantarme demasiado porque tenemos un largo camino que recorrer antes de llegar a la clave de todo esto, y para eso necesito que os remontéis conmigo a cinco años atrás, mucho antes de que todo mi mundo cambiase por completo.

1
LOS
INICIOS

2012
Una historia
de color de rosa

Abril

Qué época más maravillosa, la adolescencia. Siempre he pensado que los mejores años los vives entre el instituto y la carrera o formación profesional porque es cuando más desinhibido te sientes, cuando el mundo aún te da muchas sorpresas y lo ves todo de un color bastante rosado. Ya empiezas a entender cosillas de las emociones, a sufrir por desamores y a preocuparte por cómo te ven los otros; pero, en definitiva, aún piensas que la vida es mucho más fácil de lo que realmente es.

A mis diecisiete años vivía un semicuento de hadas (o, al menos, así lo veo ahora). Estaba estudiando 1.º de Bachillerato en el colegio donde también había estudiado mi hermana. Mis padres habían decidido cambiarme de instituto después de 4.º de la ESO para que tuviese una mejor educación y estuviese preparada para la selectividad —ha cambiado muchas veces de nombre y creo que selectividad entra dentro de la generación Y o *millennials*, como nos llaman—. Pero ya sabéis a lo que me refiero: una serie de exámenes que se hacían unos determinados días de junio y que, si conseguías superar a pesar de los nervios, te decían si pasabas la nota de corte para entrar o no en la carrera que tú querías hacer.

El cambio no fue fácil, la verdad. Todos mis amigos del instituto se habían quedado donde habíamos estudiado esos últimos años y muy pocos se habían cambiado, por lo que era la rarita, tanto por ser de las pocas que llegaban nuevas a la clase como por ser de las únicas que se habían ido del sitio anterior. Aun así, la verdad es que, tras unos meses, me hice con el nuevo sistema. Conocí a nuevos compañeros de clase y seguía en contacto con mis amigos (muchas veces bajaba la calle al acabar el instituto para verlos después de las clases antes de irnos a comer). ¡Qué tiempos aquellos!

También tenía muy buenos profesores y, la verdad, nos lo pasábamos increíblemente bien en clase. Creo que no me he reído más en una clase que en las de Economía de 1.º y 2.º de Bachillerato (y eso que la economía se me daba francamente mal).

Por otro lado, las cosas en casa eran raras, pero todo fluía bastante bien. Me explico. Mis padres estaban divorciados desde hacía muchos años, desde que yo tenía casi doce años y mi hermana catorce. La verdad es que así estaban mucho mejor porque solían tener unas peloteras tremendas en casa, pero tras el divorcio se llevaban muy bien. Casi siempre seguíamos pasando las Navidades juntos y, además, podíamos elegir en qué casa (a veces incluso teníamos dobles regalos, ¡un chollo, vamos!). También íbamos juntos a jugar al pádel y jugábamos algún que otro fin de semana a juegos de mesa. *A posteriori*, y tras meditarlo con el paso de los años, me di cuenta de que para mi yo de esa edad esa situación era una maravilla, y seguramente lo que muchos niños querrían al enterarse de que sus padres se iban a divorciar. Creo que ahora podría definirlo como una relación entre medio amistad y medio pareja en la que ambos padres decidieron estar ahí para sus hijas. Sin embargo, y por lo que he ido entendiendo a medida que me encontraba con otras situaciones así, las cosas que no están bien definidas desde un principio al final caen por su propio peso, y esa burbuja en la que se encontraban ellos en algún momento tenía que explotar.

Total, 1.º de Bachillerato lo pasé bastante bien. Siempre he sido una chica muy estudiosa y perfeccionista en este sentido (algo importante que más adelante retomaremos), por lo que era raro que suspendiese una asignatura y casi siempre estaba entre el 8 y el 9 (excepto cuando se trataba de Economía y Filosofía). Ese primer año fluyó casi sin darme cuenta y pronto me encontraba de nuevo en septiembre lista para empezar 2.º de Bachillerato.

Aún no tenía ni la menor idea de lo que quería hacer con mi vida. Se supone que a los diecisiete años tienes que empezar a decidir tu destino y qué quieres hacer con tu futuro, pero yo creo que con esos años estás más *perdío* que un pollo sin cabeza.

Aun así, ahí estaba yo, decidida a sacar la mejor nota posible en 2.º de Bachillerato y selectividad para poder tener muchas más opciones a la hora de elegir la carrera. Sabía que iba a ser un año duro por la presión que eso suponía, pero jamás me imaginaría que sería el peor año de mi vida.

2013
Cuando todo se rompe

La situación en casa se había empezado a deteriorar poco a poco durante los últimos meses. Mi madre y mi padre ya no eran mejores amigos, ni mucho menos, y la relación entre ellos estaba más fría y tensa que nunca.

Hago un inciso para explicaros que esta historia no es mía y, por tanto, no me corresponde a mí contarla. Sé que habrá gente que le gustaría saber todo con pelos y señales porque, seamos honestos, nos gusta el morbo; pero os aseguro que no necesitáis saber ni la mitad de lo que pasó durante ese año. Aun así, haré un breve resumen de los acontecimientos más importantes, ya que son necesarios para que entendáis por qué mi vida empezó a tomar un rumbo muy oscuro casi sin darme cuenta.

La situación se fue tensando y tensando hasta el punto en el que mis padres se comunicaban por abogados, y tanto mi hermana como yo intentábamos mediar en una encrucijada que ni el mejor ajedrecista del mundo podría resolver. Con diecisiete y diecinueve años nos veíamos obligadas a elegir entre piezas blancas o negras sin saber por qué las blancas te dan la ventaja del inicio, pero siempre puedes hacer una jugada increíble a pesar de tener las negras. Como cualquier niño, queríamos a nuestros padres por encima de todo, y tener que decidir entre estar con uno o con otro nunca fue una decisión fácil. Sentíamos que nos hacían elegir, pero tampoco teníamos opción porque esa elección ya estaba hecha por ellos y por todo lo que iría sucediendo los siguientes meses. Más adelante, tendríamos incluso que testificar en un juicio, y os puedo asegurar que hacer daño a tus padres, sin tener la opción de hacerlo de otra forma, es de las cosas más difíciles a las que me he tenido que enfrentar.

Como eran momentos bastante complicados, yo me refugié en mis amigos para poder coger un poco de aire entre todo ese ciclón. Era una chica bastante sociable y me gustaba salir de fiesta; imagino que como a cualquier adolescente de esa edad. Mi hígado sufría, pero yo pasaba noches increíbles entre música, amigos y alcohol. Lo bueno de crecer en una ciudad no muy grande es que casi todo el mundo te conoce y los sitios son prácticamente los mismos, por lo que el sentimiento de arraigo a ese lugar es muy fuerte. Lo único que quieres es salir y ver a la misma gente que ves siempre, a ver si, por casualidad, aparece el chico que te gusta y te pasas la noche bailando y dando *putivueltas* para conseguir ligártelo. En fin.

Una noche de marzo, mis amigas Ana y Maya me animaron a salir para olvidarme un poco de todo y quedamos en un bar de copas bastante típico de la ciudad. Maya hacía año y medio que salía con un chico tres años mayor que ella. La verdad es que nos caía fenomenal, aunque nunca entendí cómo pudieron aguantar tanto tiempo juntos, porque ella era fuego y él, más bien tierra, no sé si me explico, pero entre ellos se entendían. El caso es que, esa noche, Maya le había preparado una fiesta sorpresa a su chico por su cumpleaños, por lo que nos juntábamos tanto nuestro grupo de amigas como su grupo de amigos, al que yo no conocía.

Al principio pasó lo que pasa cada vez que juntas a dos grupos diferentes que no se conocen: cada uno iba un poco por su cuenta hasta que el alcohol empezó a hacer efecto y ya empezamos a ver a personas ir y venir entre cada grupo. No sé si yo iba muy borracha, la verdad es que no me acuerdo bien, pero sí sé que esa noche conocería a uno de mis primeros amores adolescentes, que, aunque luego sería una historia de amor un tanto catastrófica, me ayudaría mucho con todo lo que estaba por llegar.

No fue un flechazo de esos de película. De hecho, ahora miro mis fotos de esa época y pienso: «¡Madre mía de mi vida, vaya pintas!». Los que me conocen dicen que fue porque era un torbellino lleno de ideas disparatadas (y no era para menos) o porque tenía la energía de una chiquilla adolescente, pero también tenía la conciencia de una persona que empieza a entender de qué va la vida. El caso es que al parecer le causé buena impresión a uno de los amigos del novio de Maya (en adelante lo llamaremos Iván) y se interesó por mí.

Antes de avanzar con la historia es importante mencionar que en esos momentos yo ya había construido una pequeña coraza en mi interior. No solo porque había sufrido en el pasado con otros desamores, sino también porque era una persona muy sensible y toda la situación familiar que estaba viviendo me hacía refugiarme aún más dentro de mí. No quería que nadie más volviese a hacerme daño, y creía que construyendo un muro entre mis sentimientos y el mundo exterior evitaría acabar rompiéndome en mil pedazos (ay, ingenua de mí). El problema de las corazas es que, al final, un día caen y arrastran todo el castillo con ellas, pero a mí eso no me importaba. Yo así me sentía más a salvo. Me hice la dura y decidí no darle mi número a Iván. Jugaba con la baza de que sabía que nos veríamos de nuevo porque nos unía Maya y su pareja, por eso preferí dejarlo madurar un poco más y hacerme de rogar.

Tras una semana de nuevo caótica, entre exámenes, horas estudiando, clases, peleas entre abogados y mis propias preocupaciones, llegó el tan esperado viernes. Parece ser que hacían una fiesta en uno de los pueblos cercanos a mi ciudad natal, por lo que me organicé con mis amigas y quedamos para coger el tren de las seis de la tarde e ir hasta allí. Ese fin de semana me tocaba quedarme en casa de mi padre. No recuerdo si él estaba en casa o aún no había llegado, pero yo cogí mi bolso y mi Black-Berry y empecé a bajar andando tranquilamente hacia la estación. No sé qué tienen los adolescentes, pero son capaces de crear pequeños espacios en la mente donde guardan situaciones que prefieren dejar para más tarde y así poder disfrutar del momento presente. Ahí estaba yo, con un nubarrón de vida y sin saber por dónde me llovían las leches, pero dispuesta a disfrutar del viernes como si nada más estuviese sucediendo en mi vida.

De pronto, noté que el móvil vibraba en el bolso y volví a la tierra instantáneamente. Al sacarlo vi un mensaje de mi madre un poco extraño, no me preguntéis por qué, porque no lo sé del todo, pero intuí que ella estaba mal. Yo —un poco agitada— le hice varias preguntas, y las respuestas siempre eran similares: frases cortas, concisas, algunas bastante fuertes sobre toda la situación que estábamos viviendo en casa. Sabía que algo no iba bien. Económicamente no estábamos en nuestro mejor momento: mi padre se había quedado en paro recientemente, mi madre estaba jubilada por un accidente de tráfico desde hacía años, y con mi hermana en la universidad y yo en el instituto era bastante difícil hacerle frente a todo. Además, el problema entre mis padres les había afectado muchísimo a ambos, por lo que yo sabía que no era una buena época para ella, pero no me imaginaba que estuviese tan mal como me lo pareció en ese momento a través de sus mensajes.

La conversación empezó a ir *in crescendo* y yo comencé a preocuparme mucho. Antes os decía que las madres lo saben todo, pues creo que los hijos también intuimos mucho más de lo que creemos. Justo antes de llegar a la estación, me paré en seco y decidí llamar a mi hermana. Ella se encontraba en Madrid. Como estaba estudiando, había fines de semana que se quedaba allí y ese era uno de ellos. Le conté la situación y ella me dijo que también se estaba escribiendo con nuestra madre, que la veía muy mal últimamente y esas semanas había estado muy triste. Hablamos cinco minutos y colgamos, pensando aún en que yo iba a subir a ese tren y que quizá más tarde podríamos hablar con ella.

Ahí estaba yo, un viernes por la tarde, parada enfrente de la estación de tren sin saber qué hacer. El móvil vibró de nuevo, un mensaje más y mi intuición volvió a llamar a la puerta. Di media vuelta y empecé a correr camino a casa de mi madre (la estación está a unos veinte minutos a pie de nuestra casa, que serían unos diez corriendo, pero se me hizo un trayecto eterno).

Cuando por fin llegué a casa, se me vino el mundo encima.

Mi madre estaba en el sofá, tumbada, se notaba que llevaba toda la tarde llorando, estaba rodeada de clínex y varias botellas de alcohol prácticamente vacías en la mesa. Todo estaba hecho un desastre, había papeles tirados por la mesa y un caos generalizado por todo el salón; pero, sobre todo, noté que el ambiente de la casa había cambiado, hacía frío (o eso es lo que recuerdo de esa tarde) y creo que fue porque se me heló el cuerpo en un instante. Se sorprendió mucho al verme; imagino que la misma sorpresa que me llevé yo al verla a ella. Empecé a hablar intentando calmarla, estaba en un estado de nervios increíble y, como mucho más tarde entendería, con una depresión de caballo. Yo no sabía qué hacer, sinceramente. Mi hermana no podría venir rápido porque tendría que ir a la estación y coger el autobús desde Madrid, y eso suponía mínimo una hora de trayecto. No podía llamar a mi padre porque solo empeoraría las cosas, tampoco sabía a quién podía llamar de mi familia en una situación como esa y no tenía el carné de conducir (era menor de edad), por lo que tampoco podía acercarla al centro de salud más próximo ni llevarla yo andando tal y como estaba; por eso decidí que lo mejor era llamar a emergencias para ver si podían verla y darle algo que la calmase.

Las siguientes horas pasaron como si fuesen días. Creo que nadie, y menos una adolescente de diecisiete años, está preparado para tener que hacer de padre con sus propios padres. De repente sentí que el velo cayó. Ya sabéis, ese velo que nos protege y nos hace creer que nuestros padres estarán ahí siempre para cualquier problema. En mi caso desapareció en el preciso momento en que abrí esa puerta. Ahora era yo la que tenía que ayudarlos, y no tenía ni la menor idea de cómo hacerlo. Creo que lo más interesante de esta historia es que ahí fue la primera vez que me topé con una enfermedad mental, la depresión, y esa situación me haría vivir esa enfermedad desde dos perspectivas: desde el lado de un ser querido en el que simplemente te sientes impotente y tienes que confiar en que los médicos y profesionales harán lo que es más correcto, y, años después, desde mi propio punto de vista, en el que básicamente nunca ves una salida.

En una sola semana pasamos por todo tipo de situaciones, hospitales, psicólogos y muchos profesionales. Yo intentaba entender lo que ocurría, pero mi mente aún no comprendía por qué una depresión puede ser tan difícil de superar y, sobre todo, por qué tienes que estar alerta en todo momento. Quería y quiero a mi madre por encima de todo, pero había momentos en los que no podía evitar preguntarme si es que ella estaba loca o yo veía el mundo desde otra perspectiva, y eso me destrozaba. No entendía los razonamientos y comportamientos que ella tenía, aunque más adelante yo acabaría estando en su misma situación. ¡Qué irónica la vida!, ¿verdad?

Seguramente, lo más duro de todo esto es que la vida sigue ahí fuera mientras tú atraviesas el infierno. A la vida le da igual que tengas problemas o que no puedas enfrentarte en un momento dado a ciertas situaciones; ella avanza y a ti más te vale avanzar con ella. A pesar de todo esto, yo tenía que seguir estudiando, ya estábamos casi en abril y me quedaban menos de dos meses para la selectividad, por lo que no podía pararme a pensar en lo que sucedía, tenía que hacer acopio de fuerzas y seguir remando. Supongo que aquí es donde empezaron los problemas de verdad.

Sabemos muy poco de salud emocional, de hecho, se enseña demasiado poco de esto en la escuela, cuando considero que debería ser algo primordial. Nadie te dice que todo eso que te vas guardando dentro para seguir avanzando no se va, no desaparece por arte de magia. Es pólvora que vas metiendo a una bomba que tiene el tiempo contado. Todos esos sentimientos reprimidos están ahí, silenciosos, apilados dentro del barril, hasta que un día salen a la luz y esa bomba estalla, llevándoselo todo por delante.

Con el paso de los días, y sin saberlo, iba metiendo pólvora al barril, pero la cantidad de pólvora era tal que necesitaba un orificio de salida para que ese contador no llegase a cero en cuestión de días.

Siempre me había gustado el deporte, desde que era pequeña mis padres me apuntaban a clases extraescolares donde podía hacer todo tipo de actividades. Probé patinaje sobre ruedas, ballet, natación, bailes de salón, vóley y algún que otro deporte más, por lo que hacer ejercicio era algo que siempre había disfrutado. Más o menos por esa época, mi amiga Maya también estaba muy motivada con ir al gimnasio, así que decidimos apuntarnos a un *gym* cercano para empezar a hacer ejercicio de forma regular. Por suerte o por desgracia, el deporte fue mi vía de escape en muchas situaciones; era como quien toma droga y de repente parece que ve el mundo desde otra perspectiva. Cada vez que estaba agobiada o no podía más con la situación en casa, subía al gimnasio y me «mataba» a correr, coger peso, hacer remo o cualquier otra cosa que tocase ese día. Por cada gota de sudor, parecía que tenía una preocupación menos en la cabeza. Todo se quedaba en paz y me abstraía de lo que me rodeaba.

Con esa rutina de gimnasio, también empezamos a ser más conscientes de lo que comíamos. No solo era un tema del que se escuchaba hablar habitualmente en el *gym*: «¿Qué te has traído hoy?, ¿arroz con pollo como siempre?», eran los comentarios típicos de los que estaban allí más a menudo, y también era algo que empezaba a preocuparnos a todas las personas de nuestra edad, porque a los diecisiete años ya comienzas a pensar en tu físico, en cómo te ves y si entras o no dentro del canon de belleza del momento.

Por ese entonces, aún no teníamos Instagram, pero sí que teníamos ordenadores con acceso a todo tipo de información. En 2013, lo más *trendy* en cuanto a cánones de belleza, o al menos eso pensaba yo, era el espectáculo de Victoria's Secret y todo lo que rodeaba a ese show. En ese desfile reunían a las mujeres más bellas del mundo y las hacían desfilar en ropa interior para que todos pudiésemos admirar sus increíbles cuerpos. Para mí era un escaparate de cuerpos con una clara etiqueta: «Esto es a lo que tienes que aspirar». Solía leerme artículos interminables sobre las modelos que estaban en él, me veía cada uno de los shows y repetía mis favoritos, solo para ver el increíble cuerpo que tenían esas chicas. Me parecía un objetivo simple y factible. En mi mente, si ellas habían conseguido estar así con horas de entrenamiento y dietas, yo también podía. Sin embargo, lo que al principio parecía una forma de motivación pronto pasó a ser una obsesión. Me descargaba fotos de ellas, de sus maquillajes, ropa y estilismos; pero, sobre todo, descargaba fotos de sus cuerpos y las clasificaba por carpetas. Recuerdo perfectamente que una carpeta se llamaba precisamente «cuerpos» (muy creativo por mi parte), y en ella estaban todas las fotos de modelos y actrices con físicos que admiraba. Tenerlos ahí me recordaba mi meta.

Un día, leyendo entre los artículos, encontré uno donde venía escrito lo que medía y pesaba una de mis modelos favoritas, y, claro, no tardé ni dos minutos en calcular, con una regla de tres, lo que tenía que pesar yo basándome en la altura que tenía para estar como ella. El resultado fue un rayo de luz para la

Olga de ese momento, la cual solo buscaba una motivación que la mantuviese abstraída de todo lo demás: cincuenta y seis kilos. Esa cifra se convertiría, desde ese momento, en una forma de medir mi progreso y de controlar, por una vez en mucho tiempo, algo dentro de mi vida. Mientras todo mi mundo se desmoronaba, yo tenía esa meta para mantenerme a raya. Era mi forma de control dentro del descontrol (tal y como me explicó mi psicóloga más adelante); pero lo que no me imaginaría era que ese peso y ese número quedarían grabados en mi cabeza durante muchísimo tiempo y me atormentarían durante toda mi recuperación.

En un momento dado, dentro de toda esta vorágine en la que se había convertido mi vida, Maya, Ana y yo decidimos hacer un viaje a Cáceres. Un amigo de la pareja de Maya tenía una casa en un pueblo cercano y nos invitaba a pasar unos días allí. Yo estaba deseando salir de casa y tener un soplo de aire fresco; pero no os voy a engañar, también tenía la esperanza de que Iván viniese en algún momento. Nos habíamos visto un par de veces desde ese encontronazo en el bar, pero nunca había pasado nada. Recordad, queridos lectores, que yo seguía haciéndome la dura y poniendo un muro de por medio para que no hubiese atisbo de ningún sentimiento. Tenía la certeza de que, al ser una persona tan sensible, en cuanto abriese la puerta de la confianza y me dejase llevar por mis sentimientos ya no podría poner el freno. Era tal el cúmulo de emociones que llevaba dentro que tenía miedo de que saliesen a la luz y eso alejase a Iván (cosa que conseguiría yo solita precisamente haciendo eso). Además, con todo lo que pasaba en casa, tampoco podía darles muchas vueltas a las cosas, por lo que mostrarme desinteresada por todo el mundo era la mejor solución. Sí que nos habíamos dado el teléfono y hablábamos de vez en cuando, pero aún no tenía la confianza ni la osadía de pedirle que viniese (aunque claramente me apeteciese).

El primer día lo pasamos dando vueltas por el pueblo, hicimos un par de caminatas alrededor de un lago precioso que había cerca, y yo, en algún momento, incluso salí a correr (no podía perder la rutina el fin de semana y menos con lo que estábamos comiendo [cosas muy diferentes a lo que solía comer], y tenía que mantenerme en forma). Por la noche empezamos a preparar la cena sin parar de reír. Únicamente estábamos Ana, Maya, la pareja de Maya y su amigo, que es el que nos acogía en la casa, pero os prometo que con eso nos bastaba y nos sobraba.

Un poco antes de empezar a cenar (yo pensando que, obviamente, Iván ya no iba a venir), la pareja de Maya pegó un brinco en la silla y fue entusiasmado a abrir la puerta.

—¡Hombre, por fin has llegado! —gritó el novio de Maya.

—Sí, he tenido que salir más tarde porque estaba trabajando —respondió Iván.

Yo ya podía reconocer su voz ronca incluso estando en la otra habitación, así que imaginaos la cara que debí de poner cuando supe que había llegado. Por supuesto, actué como si no me importase nada, nos saludamos cordialmente y empezamos a cenar.

Tras muchas risas y algún que otro cubata después, llegó el momento de subir a dormir. Honestamente, no sé si había habitaciones suficientes para cada uno, no sé si era un plan de chicos desde el principio, pero, por experiencia, creo que los hombres fluyen mucho más que las mujeres. Si la casa hubiese sido de Ana, Maya o mía, todo eso estaría calculado desde hacía meses, pero no fue así.

Iván era un chico tranquilo, bastante más que yo, y era un buen chico. Trabajaba mucho y se notaba que, con los años, también había adquirido la madurez antes de lo que le tocaba, ya que tenía que hacerse cargo de la empresa de su padre y eso conllevaba un gran peso. Yo, por el contrario, estaba madurando a marchas forzadas, pero aún tendría que darme varias grandes hostias para, definitivamente, poder decir que era adulta. Por desgracia para esta historia, eso ocurriría demasiado tarde. Pero no nos adelantemos, que ahora viene la mejor parte.

Quizá fuesen los cubatas o el ambiente cálido y divertido que me hacían sentir muy cómoda en esa casa, pero cuando Iván subió las escaleras para irse a dormir, no me resistí a acompañarle, aun bajo la divertida mirada del resto de los asistentes, que al parecer sabían el resultado de la noche mucho antes que nosotros. Creo que esa noche fue de las pocas veces en todo ese año que de verdad me dejé llevar y disfruté simplemente de ser yo, de vivir el momento y compartirlo con una persona que tenía ganas de hacerme feliz. Nunca se lo llegué a mencionar ni tampoco le agradecí lo que haría por mí los meses siguientes, pero gracias a él y a mis amigas pude salir adelante, malamente y con secuelas, pero salí. El resto de la noche es historia, al igual que muchos de los recuerdos tan maravillosos que guardamos de ese viaje.

Al acabar el fin de semana, Iván y yo volvimos juntos en coche, y Maya, su pareja, su amigo y Ana, en otro coche. Por cierto, no fui la única que se llevó una sorpresa ese fin de semana: Ana y el chico que nos había dejado quedarnos en su casa también tuvieron algún que otro *midnight affair*, y, de hecho, ese encontronazo acabaría en una relación que duraría años.

Con el paso de las semanas (aunque para mí parezcan años por la de cosas que fueron sucediendo), Iván y yo fuimos cogiendo cada vez más confianza. Quedábamos a menudo e incluso me daba alguna que otra clase de conducir nocturna en el aparcamiento de su empresa. Por diversos motivos, al mismo tiempo que esto se desarrollaba mi padre se alejaba poco a poco de mi hermana y de mí, hasta el punto de que casi ni lo veíamos. Como más tarde entendería, mi padre siempre había sido una persona con la que yo me identificaba mucho, calmado y tranquilo. Había sido siempre mi punto de referencia, alguien en quien confiar a ciegas; por lo que alejarme de él solo hacía que la coraza que yo me había creado creciese cada vez más.

Ahora seguramente os estaréis preguntando qué tiene que ver toda esta historia de amor y desamor con una enfermedad mental. Pues bien, una enfermedad mental, como veremos más adelante, no es algo que aparezca de la noche a la mañana. Es algo que se va fraguando con el paso del tiempo, poco a poco, muy lentamente, con cada decisión que tomas, hasta que un día da la cara y alucinas con lo directa que es. En mi caso, con pequeñas pero importantes decisiones, iba construyendo poco a poco la que sería mi prisión durante años.

Mientras esa coraza se hacía cada vez más fuerte, mi pasión por entrenar y comer saludable no dejaba de crecer. Me leía cada revista que hablase sobre nutrición, dietas o pérdidas de peso. Veía cada reportaje o documental sobre el tema y me empapaba de información. En el verano de 2013, yo cumplía dieciocho años, estrenaba mi mayoría de edad y un mundo de posibilidades, pero también estrenaba una nueva figura. Había perdido bastante peso durante esos meses entre el estrés, los estudios, el gimnasio y la alimentación. Había conseguido cambiar mis hábitos y aprender a cocinar comidas cada vez más y más sanas, o eso pensaba yo. También había conseguido sacar la selectividad; aunque con un poco menos de nota de lo que yo pensaba, seguía siendo una muy buena nota y me permitía elegir entre diferentes opciones para ir a estudiar a Madrid.

Madrid, querido Madrid

El significado de la libertad. Si me iba a estudiar allí, también me mudaría y entraría en una residencia, dejaría de vivir con mis padres y saldría de toda esa situación que cada vez me ahogaba más y más. Madrid se convirtió en un rayo de esperanza, en la motivación de poder cambiar todo mi entorno y recuperar la libertad que había perdido ese año.

Elegir universidad no fue fácil, no tenía mucha idea de lo que quería hacer, pero tenía claro que sería algo relacionado con sociales. Nunca me habían gustado demasiado los números y no me veía haciendo una ingeniería o arquitectura, que es lo que hizo mi hermana.

Una tarde de verano, me senté con mi madre a ver opciones, básicamente porque no tenía mucho plazo si quería entregar mi lista de carreras con las universidades y grados que quería. Miré muchísimos programas y diferentes posibilidades y, finalmente, mirando una universidad que apenas conocía, di con la clave: quería estudiar organización de eventos. Si sois perfeccionistas como yo, sabréis que tener las cosas en orden y organizarlas son situaciones que dan calma y paz, por lo que organizar eventos me venía como anillo al dedo. El único problema: el grado solo estaba disponible en una universidad privada.

Claramente, no teníamos medios para pagarlo y algunos familiares míos me habían sugerido que estudiase otra cosa, algo que nos pudiésemos permitir. Pero mi madre siempre me ha animado a perseguir mis sueños. Fuese lo que fuese. Siempre me animó a estudiar aquello que me gustaba porque sabía que esa decisión determinaría cómo de feliz sería en un futuro.

Por la emoción que desprendía, ella sabía que eso era lo que yo quería, así que, sin dudarlo dos veces, me dijo que encontraríamos el modo de hacerlo realidad. Y así fue. A fuerza de informarnos e ir a hablar con el decano de la facultad, nos comentaron que había una beca a la que podía optar y que con ella te pagaban el 60 por ciento de la universidad si mantenías una nota media más alta de un 8,5 sobre 10 cada año de carrera. Aún era un precio que se nos iba de las manos, pero mi madre me hizo una promesa: «Si tú te comprometes a mantener esa nota media, yo me comprometo a pagar el resto», y aunque sería muy difícil para ambas, la promesa quedó sellada.

Con esa nueva perspectiva vital y Madrid cada vez más cerca, tenía claro que no quería tener nada que me atase a mi ciudad natal. Por supuesto, iba a seguir teniendo a mis amigos allí, pero pensaba que, si tenía una pareja, querría ir a verla cada fin de semana y, por tanto, nunca acabaría de dejar atrás toda la situación familiar que ya habíamos arrastrado durante un año. Me había convencido hasta tal punto de que ir a Madrid lo cambiaría todo, que podría ser feliz de nuevo y encontraría mi camino, que no había nadie que me pudiese robar esa idea.

Os podéis imaginar lo que eso supuso para Iván y para mí.

Yo ya llevaba avisándole desde hacía tiempo y le decía que no quería atarme a nada, aunque poco a poco nos íbamos atando el uno al otro porque congeniábamos muy bien. Como en casa había discusiones frecuentemente, él solía venir a la parada de autobús de enfrente de mi casa con Maya y Ana a escucharme y calmarme, e intentaba animarme como podía. Yo no quería admitirlo en ese momento, pero estaba pillada hasta las trancas. Entonces ¿cuál era el problema? El problema era esa coraza que yo me había creado, esa coraza que cada día crecía y crecía y no paraba de decirme que tenía que estar sola si quería cambiar definitivamente mi vida.

Con esta idea tan arraigada en mi cabeza y con la ilusión de un nuevo comienzo, hice lo que tenía que hacer y corté la relación con Iván de raíz. Más adelante me arrepentiría muchísimo de esta decisión e intentaría reconducirla, pero ese suceso creó una brecha entre nosotros que nunca más se pudo volver a reparar.

2014
POR LAS CALLES DE MADRID

Los primeros meses de universidad casi ni era consciente de todo lo que había pasado durante el último año. Era una nube oscura y borrosa que, aunque a veces me perseguía, había conseguido dejar apartada en un pequeño rincón de mi cabeza. No podía olvidarlo porque no dejaba de ser una herida abierta que tenía que cicatrizar; pero creía que, oculta en mi cabeza, cerraría por sí sola y finalmente desaparecería. Como ya os podréis imaginar, esa herida no cerró, simplemente creció y creció.

No sé qué tienen los cambios, pero me hacen sentir llena de vida. Sé que esto es contrario a lo que muchas personas piensan, quizá vosotros también opinéis igual, pero para mí los cambios no suponen incertidumbre, los cambios suponen un mundo infinito de oportunidades. Más que ponerme nerviosa, me ponen frenética, con ganas de empezar nuevos proyectos y una nueva ocasión para replantearme todo lo que me rodea. Con este éxtasis de felicidad y con la esperanza de que las cosas se asentasen poco a poco en mi vida, los primeros meses de carrera pasaron volando. Había comenzado el doble grado en Publicidad y Relaciones Públicas y Organización de Eventos y Protocolo (sí, es un título largo de narices), ya que una de las profesoras que me hizo el test de entrada a la universidad me recomendó realizar Organización de Eventos unido al grado de Publicidad, ambos grados se complementaban y conseguía sacar dos carreras en cinco años; eso sí, habría algunos cursos que tendría hasta dieciocho asignaturas, cosa que aumentaba aún más la presión por los estudios y la nota media que tendría que mantener todos los años. Yo sabía que podía hacerlo, confiaba en mí y en mi faceta más perfeccionista y organizadora para poder llevar todo al día, así que me lancé con mi mochila llena de esperanza sin darme cuenta de que no tenía paracaídas de reserva.

Todos estos cambios hicieron que los primeros meses fuesen una maravilla, tal y como yo predecía. En la residencia me había integrado muy bien y, además de estar con mi hermana, teníamos un grupo de amigas todas de la misma edad con las que íbamos a novatadas, salíamos algún que otro *juernes* y la mayoría de los fines de semana (ya se sabe que en la universidad se estudia, sí, pero también se montan las mejores fiestas de tu vida). Los desayunos, comidas y cenas de la residencia tampoco estaban mal, podíamos elegir entre dos o tres platos y casi siempre había algo de ensalada, verdura, carne o pescado. También había días en los que ponían un *remix* de cosas fritas que, aunque a todas las chicas de la residencia les encantaba, a mí era de las cosas que menos me gustaban porque, «obviamente», no podía permitírmelo con la alimentación tan sana que estaba llevando últimamente. Con el paso de los meses, yo sola había desarrollado un método para perder peso bastante infalible: siempre comía algo de ensalada y verdura, y me ceñía a pescados y carnes a la plancha. De vez en cuando me permitía algún yogur dulce con fruta y, si tenía muchas muchas ganas, algo de muesli, granola o un *topping* extra; ah, y, por supuesto, hacía deporte prácticamente a diario.

Al cambiar de ciudad, ya no podía ir al gimnasio de siempre, y por el momento tampoco tenía dinero propio como para apuntarme a un gimnasio en Madrid, por lo que tenía que encontrar otra alternativa que pudiese hacer a menudo y que fuese gratis, que me motivase lo suficiente como para no aburrirme y que me ayudase a perder peso (mi principal objetivo); y así, casi sin quererlo y debido a las circunstancias, nació mi pasión por correr.

Nunca había corrido mucho cuando era pequeña. Como contaba anteriormente, había hecho otro tipo de deportes, pero nunca me había dado por apuntarme a un club de corredores. Correr era algo que hacía a veces en la cinta del gimnasio o algún día, si no había ido a entrenar y me apetecía porque hacía sol, salía por un camino pegado al río cerca de mi casa para disfrutar de un poco de naturaleza. Mi capacidad aeróbica no era mala, la entrenábamos bastante en el gimnasio porque hacíamos entrenamientos tipo HIIT (entrenamientos de intervalos de alta intensidad), pero correr era otra cosa. Corriendo me quedaba sin aire, parecía un pececillo buscando el agua cuando lo sacas de ella, me salía completamente de mi zona de confort y eso suponía un reto. Al principio corría unos quince o veinte minutos en línea recta, y eso era lo máximo que podía hacer sin ahogarme por el camino. Con el paso de los meses y hablando con varias chicas de la residencia que también salían a correr, me enteré de que, a unos dos kilómetros de la residencia, había un parque circular donde podías hacer varias vueltas y los kilómetros estaban señalizados. Era un parque bastante grande en medio de la ciudad y por las tardes se llenaba de gente que salía a correr o incluso a andar. Como mi capacidad aeróbica iba mejorando, ya conseguía subir hasta allí, hacer un par de vueltas y volver a la residencia, lo que serían más o menos unos seis o siete kilómetros con subidas y bajadas (ya sabemos que Madrid no es famoso por sus calles planas), por lo que era un ejercicio bastante completo y, por supuesto, quemaba muchísimas calorías.

En esta nueva rutina, algún que otro fin de semana seguía yendo a mi ciudad natal para ver a mis amigos y a mi madre. El plan casi siempre era el mismo: llegar, deshacer maletas, cenar en casa, salir por las discotecas de la ciudad, dormir, hacer maletas y vuelta a Madrid. Mis amigas ya empezaban a notar el cambio físico que había dado, de hecho, y aunque para mí no era tan evidente en ese momento, había perdido bastante peso, por lo que a menudo recibía comentarios ensalzando este cambio: «Qué guapa estás, Olga», «Jobar, has perdido peso, ¿no?, estás genial», y a mí ese tipo de comentarios me hacían muy muy feliz. Significaba que todo el esfuerzo que estaba haciendo daba sus frutos y recalcaba la importancia de seguir por ese camino para poder llegar a los dichosos cincuenta y seis kilos y poder ser feliz para siempre. (Como os podéis imaginar, esto es lo que pensaba en esos momentos, y ahora, mientras escribo, me parece bastante absurdo que pudiese pensar que un peso en una báscula me daría todo lo que siempre había soñado: ser tremendamente feliz). Lamentablemente, la sociedad nos ha hecho creer que estar más delgadas significa ser más guapas, y que solo así tendremos más éxito. Por lo que eso era lo que yo perseguía con todas mis fuerzas.

A medida que los cumplidos se apilaban en mi cabeza y me reforzaban a seguir adelante, también lo hacían los miles de fotos que empezaba a tener en mi teléfono de mi propio cuerpo. Prácticamente, cada semana me hacía una foto en ropa interior, así podía comparar los avances y ver si de verdad estaba o no adelgazando. Muchas veces no veía cambios importantes, lo que hacía que me desmotivase y reforzarse la idea de que tenía que comer aún mejor y entrenar aún más. Como veréis, en mi mente el TCA (trastorno de la conducta alimentaria) estaba adquiriendo voz propia. Ya no era Olga hablando a Olga, sino una versión mucho más cruel de mí misma que me hablaba como si fuese el juez que todo lo sabe. Esa voz era crítica y sabía perfectamente todo lo que yo hacía, había encontrado un hueco en mi cabeza para asentarse, y cada vez que yo le hacía caso, esta adquiría más poder para convencerme de que lo que ella me decía era lo correcto. Os aseguro que no me volví loca (aunque muchas de las cosas que viví rozaban bastante la locura); pero, como estaréis viendo, un trastorno alimentario es, antes que nada, una enfermedad mental, por lo que tu propia mente es la que te convence de que todo lo que haces tiene un propósito, y eso hace mucho más difícil luchar contra ella. Al hacerlo, luchas contra una versión de ti que es mucho más fuerte que tú y que conoce cada una de tus debilidades; es una versión tuya que te hace sentir querida y comprendida, pero que se aprovecha de tu dolor para castigarte y recompensarte. Sabe dónde «tocar» para lograr que hagas exactamente lo que ella te dice. Ella tiene el control y tú, simplemente, estás a su merced.

A medida que los meses iban pasando, todo mi mundo se centraba en una única cosa: mi peso, mi físico y cómo me veían los demás. Fuera de esos pensamientos solo había sufrimiento: estrés por los estudios y la necesidad de mantener la nota media de la beca, ansiedad por la situación en la que aún seguía mi madre y la incertidumbre de lo que nos depararía el futuro, la relación inexistente con mi padre (desde el juicio ya no hablábamos con él y por primera vez en toda mi vida no sabía nada de él, ni dónde vivía, ni qué hacía, ni si seguía acordándose de su hija, que le quería sin locura). Y también había tristeza, porque empezaba a darme cuenta de que Madrid no cambiaba nada y que todo era prácticamente igual que cuando vivía en mi ciudad natal; solo cambiaba el hecho de que ahora tenía más libertad para darle rienda suelta a mi TCA, y, además, había acabado una relación con una persona que me quería y me daba parte del amor que tanto me faltaba. Es curioso, porque yo soy una persona muy llorona, siempre lo he sido, lloro con las películas de Disney (incluso las que no son de llorar), pero también lloro con cualquier película en la que vea sufrir a un personaje, empatizo tanto con las emociones de otras personas que esa emoción acaba por convertirse en mía también; y, aun así, en esos dos últimos años no había llorado ni una sola vez. No era capaz de permitirme sentir todo lo que llevaba dentro porque sabía que acabaría destrozándome, tenía que ser fuerte para seguir estudiando y convertirme en la persona que quería ser; pero eso, simplemente, añadía más leña al fuego y a ese barril de pólvora que, ahora sí, estaba a punto de detonar.

Un día, no recuerdo cuál, de ese 2014, mi vida cambió por completo.

Estaba en la residencia, estudiando como cualquier otra tarde un día de diario. Mi hermana estaba en la universidad porque sus clases eran por la tarde y luego solía quedarse despierta por las noches trabajando en proyectos que tenía que presentar, por lo que la mayor parte de mis tardes de estudio las pasaba sola. Seguramente habría comido, como cada día, alguna ensalada o verdura, pollo o pescado hervido o a la plancha, y una fruta de postre. No lo recuerdo exactamente, pero no es difícil saber que la comida que comí ese día estaba entre una de esas opciones, ya que era lo único que me permitía. Con el estrés de los estudios y de tener que ir a entrenar por la tarde, a pesar de tener mil cosas que hacer y, seguramente, estar agotada porque no tenía ni media hora para descansar entre tareas, quehaceres y demás, una idea me vino a la cabeza: «Permítete un dulce». Mi vocecilla del TCA me decía: «No lo hagas, ese dulce va a arruinar todo el progreso de la semana y luego tendremos que correr el doble de lo que nos toca»; pero en esos momentos estaba tan agotada que permitirme ese dulce después de todo el sufrimiento no me pareció tan mala idea.

Como en la residencia no teníamos bollería como tal y en la habitación tampoco teníamos nada comprado (intentaba que mi hermana no los comprase para no tener la tentación), decidí acercarme al Carrefour de enfrente de mi residencia y comprarme ese dulce que tanto me apetecía. Cuando llegué al supermercado me sentía frenética y feliz, tenía tantas ganas de tomarme algo que no me había permitido en todo ese tiempo que el simple hecho de poder elegir entre cualquier bollo de los estantes era increíble. Ese momento era para mí y solo para mí, y, por extraño que eso fuese, me hacía sentir bien. Cogí el dulce que más me apeteció en ese momento y fui directa a la caja. Lo pagué y me fui con él a la habitación para disfrutarlo. No tenía ganas de decírselo a nadie ni de comerlo con otra persona; ese dulce iba a suplir todas las carencias que tenía en ese momento, por lo que me apetecía tomármelo a solas y poder desconectar de todo lo que me rodeaba. El problema de esto fue que, además de todas esas emociones y toda esa pólvora que había acumulado, ocurrió lo que ocurre cuando le prohíbes a un niño comerse una chuche durante años y de repente le das un paquete entero: que se lo acaba en un momento y te pide más (a ver si cuela). Yo era ese niño en aquel momento porque llevaba dos años de restricciones, de comer poco y muy saludable, de hacer deporte en exceso y de perder peso hasta tal punto que mi cuerpo se revolvió ante mí, igual que el niño se revuelve ante el padre que le prohíbe las chucherías, y esa rebeldía consiguió que me acabase ese dulce en menos de treinta segundos.

Al acabar de comer sentí una sensación de vacío, de tristeza y de culpabilidad. Muchísima culpabilidad. ¿Cómo podía haberme comido el dulce tan rápido? Ni siquiera lo había saboreado, tenía tanta ansia por tomarlo que no podía explicarme lo poco que había durado. Quería más. Quería disfrutarlo como me merecía y sentir, aunque fuese durante otros treinta segundos más, lo que acababa de sentir al comerme ese dulce: felicidad y paz. Con mil sentimientos encontrados dentro de mí y esa pena y culpa llenándome por dentro, di un paso más y mi barril de pólvora estalló por los aires: decidí bajar a por otro dulce, pero en vez de comprarme un bollo individual igual que antes, opté por comprarme un paquete entero de galletas que me apetecían mucho más y, por si acaso, también decidí coger un brik de leche y un paquete de cereales de esos grandes para tenerlo en la habitación por si luego quería algo más.

Mismo camino. Vuelta a la habitación, cada vez con más prisa y con más ansia de comerme lo que me acababa de comprar. Parecía un perro al que le acaban de quitar el hueso y simplemente quería buscarlo, encontrarlo y esconderlo para que nadie lo encontrara. La puerta se cerró y me refugié en esa comida, en la soledad y la felicidad de poder desconectar viendo una película mientras me comía ese paquete de galletas. Pasados tan solo diez minutos de película, el paquete de galletas ya se había acabado y empezaba con los cereales. Primero una taza de leche. Eché los cereales. Me los comí. Otra taza. Eché los cereales. Me los volví a comer. Otra taza más y así seguí hasta que ya no podía más; creía que me iba a explotar la tripa de todo lo que acababa de comer y, de repente, me sentí muy muy cansada. Sin ser consciente de ello, acababa de darme el que sería mi primer atracón.

Mi voz del TCA estaba muy enfadada conmigo, me estaba chillando desde dentro y culpándome por lo que acababa de hacer. Sabía que yo podía controlarme como llevaba controlándome los meses y años anteriores, y, aun así, ahora no había podido tener el control. ¿Cómo podía haber sido capaz de comer todo eso? En menos de una hora, me había tomado un bollo, un paquete enorme de galletas y un paquete entero de cereales con un brik de leche de dos litros. No solo estaba llenísima y me encontraba fatal físicamente, también sabía que todo eso que me acababa de comer tenía muchísimas calorías y me haría engordar todo lo que había conseguido bajar las últimas semanas. Todos esos pensamientos me agotaban, mi voz del TCA seguía torturándome por dentro, pero yo estaba tan cansada que solo quería dormir. Así que, con la culpa, el remordimiento y el malestar me fui quedando dormida hasta que llegó la noche.

Cuando llegó mi hermana me despertó y me dijo que me había quedado dormida. Yo aún no sabía si lo que había pasado era un sueño o lo había vivido de verdad; parecía una película de terror en la que yo era la protagonista. No pude contarle lo que acababa de pasar porque ni siquiera yo lo entendía en ese momento, solo sabía que me daba muchísima vergüenza contárselo; además, tampoco tenía sentido contarlo, ya que era algo que había pasado y que no volvería a pasar; solo tenía que volver a comer lo que siempre comía y perdería ese peso en un abrir y cerrar de ojos. Ahora mismo no recuerdo cuántas veces pude hacerme esa promesa, cuántas veces pude pensar: «Esta vez es la última, no volverá a pasar», pero esa promesa volvería a destrozarme en mil pedazos cada vez que tenía otro atracón.

El final del día llegó seguramente como cualquier otro día normal, aunque desde ese día ya nada volvería a ser normal durante los siguientes seis años. Bajaría a cenar mi cena típica, comería menos por lo llena que estaba y me iría a la cama.

Tres meses más tarde

A pesar de mi promesa y de las ganas que tenía de que todo volviese a ser como antes, yo me iba metiendo en un pozo sin fondo del que cada vez me costaba más salir. Esos tres meses después del primer atracón se convirtieron en una pesadilla que cada vez era más frecuente. El segundo atracón llegó un par de semanas después del primero; me pilló de nuevo por sorpresa y me humilló aún más que la vez anterior. El tercer atracón llegó mucho más rápido y ocurrió a la semana del segundo, y a partir de ahí los atracones se fueron haciendo cada vez más frecuentes, aunque siempre seguían el mismo patrón (permitirme algo que no me solía permitir, comer exageradamente sin disfrutar de la comida hasta sentirme absolutamente llena y sentir una culpa increíble después). Había veces que podía pasarme dos días seguidos comiendo. Me levantaba por la mañana, bajaba a desayunar mi desayuno de siempre y me iba a la universidad. Volvía y comía lo que tocaba, pero de nuevo lo más sano posible, porque tenía que perder el peso que había cogido durante los atracones anteriores. Después de comer era cuando ocurría la tragedia. Iba a comprar todo tipo de dulces al supermercado, cerraba la puerta de mi habitación y me ponía una película o una serie para disfrutar mientras me los comía y olvidarme del mundo a mi alrededor. Me llenaba hasta no poder más y me encontraba fatal. Me quedaba dormida del subidón de azúcar que me daba. Me despertaba. Bajaba a cenar si mi hermana estaba para no hacerla sospechar. Me dormía. Me levantaba con una culpa horrible. Me veía fatal en el espejo y vuelta a empezar. De hecho, después del atracón me sentía tan mal física y mentalmente que dejaba de lado cualquier rutina que tenía. Ni me apetecía estudiar ni entrenar, y eso solo fomentaba la culpa que después sentía.

A veces, conseguía sobreponerme de inmediato y tenía un par de semanas buenas donde no tenía atracones, conseguía motivarme con el gimnasio y empezar a «quemar» todo el peso que iba ganando; pero otras veces esa culpa y ese malestar eran tan grandes que los atracones se unían varios días seguidos hasta que ya no me quedaba más remedio que levantarte de la cama y enfrentarme a la sensación de ser una perdedora, de pensar que tenía tan poca fuerza de voluntad que no había podido contenerme y había comido de todo durante los días anteriores.

Como os podréis imaginar, queridos lectores, esta situación cada vez se iba haciendo más insostenible, además de que mi mayor temor cada vez era más real: había ganado peso. No sé exactamente cuántas calorías puede tener toda la comida que comes cuando tienes un atracón, pero os aseguro que más de una vez me comí en dos horas toda la comida que se supone que alguien tiene que comer en dos días enteros y, claro, eso hace que además de muchos otros problemas de salud que llegarían con el tiempo, la ganancia de peso fuese muy rápida y evidente, y la sociedad no tardaría en recordármelo, por poca falta que hiciese.

Yo me pesaba a menudo y veía perfectamente lo que sucedía día a día, pero, además, seguía haciéndome fotos de mi cuerpo y las comparaba con fotos anteriores, por lo que era evidente que no necesitaba que nadie me dijese que había cogido peso, ya me machacaba yo por ello constantemente. Aun así, os voy a contar una historia para que reflexionéis conmigo sobre el daño tan grande que puede hacer un comentario ingenuo en un mal momento. Una de las veces que volví a mi ciudad natal a finales de verano, decidí organizar una quedada en la terraza de mi casa y, como hacía bastante calor, les dije a mis amigos que se trajesen un bañador si les apetecía. Aunque yo estaba bastante preocupada por mi físico y no me sentía del todo cómoda, decidí ponerme el bikini igualmente y unirme a mis amigos en la terraza. Pasamos la tarde hablando y tomando algo con toda la tranquilidad del mundo, y pasadas unas cuantas horas se fueron a casa. «Prueba superada», pensé. Creía que nadie había notado esa subida de peso o, al menos, no me lo habían notado tanto como yo lo notaba, y eso era bueno, me hacía sentir más cómoda y segura de mí misma. Ingenua de mí, y seguramente debido a que la conciencia social por este tipo de situaciones aún ni había empezado a desarrollarse, al día siguiente me di uno de los primeros batacazos emocionales más grandes de esos años.

Al hablar con uno de mis amigos que también estuvo la tarde anterior, este me dijo de forma muy sibilina que una de las personas que yo consideraba también mi amigo, y que había estado en la fiesta, en algún momento de la tarde había comentado con el resto de la gente que estaba allí algo así como: «Joder, cómo se ha puesto Olga, ¿no?». Cuando me lo dijo me quedé sin palabras, intenté no darle importancia y acabé la conversación lo antes que pude; pero, tras colgar el teléfono, me vine abajo completamente y lloré. Lloré todo lo que no había llorado en mucho tiempo. Si aún quedaba alguna estructura en pie que me hiciese mantener la cordura, se acababa de perder en ese preciso momento. Y vosotros, lectores, pensaréis: «Bueno, Olga, era solo un simple comentario, desafortunado, sí, pero un comentario». El problema es que ese comentario es como la caja pequeña que pones encima de una pila de mierda y que, al colocarla, hace que se caiga todo lo que había debajo de ella.

En mi caso, esa mierda era mi TCA y esa caja pequeña era la aceptación social; y escuchar ese comentario me dio a entender que acababa de volar por los aires, porque si él lo había notado, significaba que otros lo habían hecho también y, por tanto, ya no me aceptarían ni me verían como una chica atractiva, cuando eso era de lo poco que me quedaba en ese momento y que aún creía que no había perdido en todo ese proceso. Además de eso, ese comentario supuso un antes y un después en lo que sería mi TCA, porque al darme cuenta de que la gente notaba mis cambios de peso tan grandes y me juzgaban por ellos, decidí que sería mejor alejarme de la mayoría de las situaciones sociales, a no ser que estuviese «físicamente bien» como para poder ir, y eso solo hace que esa persona se refugie más y más en sí misma y acabe hablando solamente con la vocecilla de su cabeza, que le dice que tiene que perder peso si quiere poder salir a disfrutar de la vida.

Por tanto, y para poner las cosas en perspectiva, con diecinueve años me encontraba en el inicio de un TCA que no tenía pinta de ir a mejor, sin herramientas para tratarlo porque ni siquiera sabía que eso que estaba sufriendo podía ser una enfermedad. Aislada hasta cierto punto de mi familia y amigos porque no podía contarles lo que estaba pasando, debido a la vergüenza que sentía, y tampoco podía dejarles ver las consecuencias de ese TCA (porque me estaba encerrando literalmente). Unido todo ello a una carrera que, aunque me encantaba, me metía la presión de tener que seguir estudiando y sacando las mejores notas posibles para mantener la beca, además de una pareja a la que había dejado por querer mejorar una situación que solo iba a peor y un nudo en el pecho porque no me hablaba con mi padre, una de las personas más importantes en mi vida. Sinceramente, y releyendo el texto mientras escribo, me parece increíble que no me diese a la droga o a algo peor, y en cierto punto agradezco que me mantuviese medio cuerda y pudiese pedir ayuda cuando lo hice.

2015
¿Un rayo de luz?

Había empezado mi segundo año de carrera en septiembre del año anterior. Mi primer año había ido fenomenal en cuanto a las notas que había sacado, y me habían renovado la beca. Nadie dudaba de que lo iba a conseguir porque esa faceta tan perfeccionista mía siempre me había acompañado; pero, aun así, verlo plasmado en papel y saber que podía seguir estudiando era un pequeño riachuelo de agua en medio del desierto. Con segundo la cosa se empezaba a complicar un poco más. Primero había sido relativamente relajado, ya que muchas de las asignaturas de ambos dobles grados eran iguales y te las convalidaban unas por otras, por lo que no se notaba tanto la presión de tener que sacar dos carreras a la vez. Sin embargo, en segundo ya no era así, y el número de asignaturas se duplicaba de tal forma que tendría unas ocho o nueve asignaturas por trimestre, con sus correspondientes trabajos, deberes y exámenes. De nuevo, el presagio de que ese estrés, presión y autoexigencia repetidos con los años no iban a traer nada bueno me acompañaba, pero yo sabía que podía seguir, así que seguía llenando la mochila de piedras sin saber que una de esas piedras acabaría por derrumbarme.

Mientras tanto, el TCA ya estaba más que asentado en mi vida y, aunque tenía periodos mejores y peores, era algo frecuente y recurrente. Por lo que he entendido con los años, los atracones son la consecuencia de otras acciones, que, aunque hablaremos más delante de ellas, ya puedes intuir: la restricción de comidas; la compensación de estas comidas con otros métodos, como el hecho de hacer mucho deporte; la culpa y la obsesión con el físico, entre otras cosas. Sin que esas acciones cambien, es imposible acabar con los atracones; y como yo continuaba haciendo todas y cada una de ellas, mis atracones seguían siendo constantes. Por ello, y en un atisbo de necesidad tras tener uno de esos atracones, vi que se me encendía una lucecita que me decía que tenía que pedir ayuda. Quizá no es lo que quería hacer, porque eso significaba que tenía que reconocer que había un problema, pero con todo lo que había pasado esos años pensé que sería mejor enfocarlo en lo que no había podido sanar de la relación de mis padres que en el problema con la comida. Tampoco quería que nadie se preocupase en exceso, y, básicamente, yo pensaba que lo que me ocurría era solo una falta de fuerza de voluntad, que no podía controlarme con la comida y que era algo que tenía que trabajar con motivación. Además, al no comentar nada sobre la comida, no me preguntarían el porqué de mi decisión de buscar ayuda y yo podría seguir con esa relación tóxica a la que aún no le había puesto nombre. Con todas las de la ley, decidí llamar a mi madre y le comenté que quería ir a ver a un psicólogo. Le dije que quería hablar de los últimos años y de cómo eso me había afectado, que tenía heridas sin sanar y que yo sola no creía que fuese capaz de salir de ahí porque, siendo sincera, tampoco estaba muy bien con la situación familiar, y sabía que no había aceptado muchas de las cosas que habían sucedido.

Creo que mi madre no se sorprendió. A pesar de no saber nada del *otro problema*, sí que me había notado más triste los últimos meses y no me veía del todo bien, así que me animó y me dijo que hablaría con una amiga suya que conocía a una psicóloga para ver si podíamos concertar una cita. La verdad es que fue bastante rápido y, antes de que yo me lo imaginase, ahí estaba, frente a la puerta de la consulta, lista para llamar al timbre. Hasta ese momento, no sabía mucho de los psicólogos, solo sabía que ayudaban a personas con problemas mentales y que eran la mejor opción a la hora de superar traumas y experiencias pasadas que estaban sin resolver. Es cierto que nadie hablaba de eso, de hecho, era un tema bastante tabú y que, por supuesto, no era motivo de comentario en las reuniones familiares. Supongo que ir al psicólogo era de esas cosas que todo el mundo pensaba en un momento dado, pero que nadie hablaba por miedo a que le juzgasen. Aun así, yo no tenía prejuicios sobre eso y, francamente, sabía que no podía perder mucho sabiendo la situación en la que estaba, por lo que di el paso y me enfrenté a esa primera consulta.

Se abre la puerta.

—Buenas tardes, Olga —me dijo la psicóloga desde la puerta.

—Buenas tardes. Un placer —respondí yo un poco tímida sin saber muy bien qué decir.

—Pasa por aquí —me dijo, señalándome un pasillo que daba a una pequeña habitación.

—Fenomenal, gracias.

Juntas entramos en la habitación. Era una habitación más bien pequeña, pero aportaba una sensación de calma y de paz. Había una mesa de escritorio con algunos papeles, una silla detrás de esta y otra delante, que, supuse, sería para mí. La habitación también tenía cuadros y alguna planta, y eso me gustaba. No sé qué tienen las plantas, pero para mí ver verde a la hora de entrar en una estancia hace que se respire otro ambiente, me relaja.

Una vez dentro de la habitación, me senté en la silla, la psicóloga cerró la puerta y empezó la sesión.

La verdad es que me sorprendió porque, cuando vas al psicólogo por primera vez, piensas que te va a dar todas las respuestas de vida que necesitas, crees que es como un dios que lo conoce todo de tu vida y va a saber aconsejarte lo que es mejor para ti. Lo que no me imaginaba es que ella me ayudaría a ver todo lo que llevaba dentro y a entender que las soluciones a muchas cosas yo ya las sabía, solo que tomar ciertas decisiones era más difícil de lo que creía. El caso es que esa primera sesión la pasé contándole toda mi historia, principalmente la situación familiar de los últimos años, y al acabar mencioné por encima la falta de autoestima que tenía en ese momento, a lo que ella me dijo que lo hablaríamos más adelante, ya que antes tendríamos que trabajar en todo lo que le había contado y que, la verdad, no era poco.

La primera sesión había ido bastante bien, o eso creía yo. No habíamos hablado de nada práctico que me ayudase a lidiar con la situación que tenía, pero sí me había explicado cómo se iban a desarrollar las siguientes consultas y, más que nada, yo había podido contarle muchas cosas que nunca le había explicado a nadie, y para mí eso era un gran avance. A pesar de no haber puesto ningún ejercicio o método en práctica, el simple hecho de poder decirle a una persona completamente ajena a mí todo lo que había pasado y cómo me había sentido, sabiendo que no me iba a juzgar, fue liberador. Ahí me di cuenta del poder que tiene hablar las cosas y no callárselas, porque el simple hecho de contarlo también es terapia. Como la mayoría de las personas, yo soy de las que se tropiezan varias veces con la misma piedra, y ya a la cuarta o quinta vez que me he tropezado, es cuando decido mirar por dónde voy. Y por eso veréis, lectores, que a pesar de darme cuenta de que hablar las cosas era buena idea, aún me costó dos años más contar el problema que tenía con la comida a la primera persona que lo sabría en mi vida: mi madre.

Sí que recuerdo que en una de las sesiones que hicimos más adelante, la psicóloga me hizo hacer un ejercicio del que me acuerdo perfectamente. Consistía en realizar un test con una serie de preguntas que al inicio no tenían mucho sentido, pero que después nos permitirían descubrir cómo era mi personalidad y qué era lo que quería conseguir en esos momentos. Una de las preguntas se me quedó grabada.

—Si pudieses pedir ahora mismo un deseo, el que sea, ¿cuál sería?

Creo que frente a esta pregunta puede haber todo tipo de respuestas. Habrá personas que digan: ser rico, tener mucho dinero o poder comprarse una casa, por ejemplo. Habrá otras personas que digan: tener salud, curarse de una enfermedad o vivir sin problemas físicos. Otras que querrán una pareja y otras que querrán viajar por el mundo. Pero a mí solo me venía una cosa a la cabeza:

«Pesar cincuenta y seis kilos».

Mi mente seguía fijada cual pegamento a la idea de que pesar poco y estar delgada me darían todo lo que siempre había querido: reconocimiento, valía, felicidad. No podía apartar ese pensamiento de mi mente y divagaba imaginando lo maravillosa que sería mi vida si de verdad consiguiese llegar a ese peso. Por supuesto, esto no se lo comenté a la psicóloga porque me daba vergüenza y sabía (o creía saber) lo que me iba a decir: que era algo que no me aportaría felicidad; y la realidad es que yo quería seguir con mi sueño de pensar que ese peso era mi solución. La verdad es que no me acuerdo de la respuesta que le di, pero lo pasamos por alto y seguimos avanzando con el resto de los temas que teníamos que trabajar.

A medida que pasaban las sesiones, yo iba sanado algunas de

esas heridas que, en parte, propiciaron el TCA; pero, a pesar de eso, el TCA no se estaba yendo. Los atracones seguían y no parecían mejorar, había semanas que acababa agotada por completo, tanto mentalmente como físicamente, y eso me destrozaba la vida. Yo sabía que necesitaba algo que me motivase a perder peso y que pudiese mantener en el tiempo para poder llegar a esos cincuenta y seis kilos que eran mi meta. Creía aún que la motivación era la clave y, por tanto, tendría que hacer algo que consiguiese darme ese extra de energía. Como era de blancos y negros en vez de grises y además era una persona autoexigente y perfeccionista, no se me ocurrió mejor idea que proponerme un reto personal. Sabía que si me proponía un reto que no pudiese rechazar, me tiraría a la piscina y lo realizaría, costase lo que costase, así que con esa idea en la cabeza decidí que iba a hacer uno de los grandes retos de mi vida: correr un maratón.

Volviendo al tema de correr y para que podáis llegar a la conclusión a la que llegué yo, he de decir que era un deporte que cada vez me gustaba más y que había mantenido con el paso de los años. Era algo que, junto con la comida, me permitía desconectar del mundo y hacerme sentir viva. También había mejorado bastante en cuanto a resistencia, y aunque nunca había corrido un medio maratón, sabía que podría correrlo sin problema, por lo que no suponía un reto. Todo sea dicho, esto no es lo que se debe hacer y, seguramente, si estuviese ahora en esa situación no me metería a prepararme un maratón sin haber corrido bastantes medios maratones y carreras de diez kilómetros antes; pero como quería un reto lo suficientemente grande como para motivarme y correr era algo que me encantaba, decidí que ese era el reto perfecto. Con ese objetivo en mente tenía el plan ideal que me motivaría a hacer deporte los siguientes seis meses: tendría que salir unos tres o cuatro días a correr por semana e ir incrementando kilómetros poco a poco; pero, además de eso, tendría que entrenar fuerza unos tres días a la semana para mejorar la resistencia en piernas, brazos y abdomen, y, si podía, hacer un día extra de estiramientos completos; vamos, como ya os estaréis imaginando, iba a ser una locura.

La vocecilla del TCA, que ya era como mi mejor amiga, estaba pletórica. No solo había conseguido que fuese a entrenar casi los siete días de la semana, también había conseguido darme una motivación para cuidar mi alimentación y, por supuesto, sabía que ese plan de deporte tan estricto nos haría perder mucho peso, así que era la situación perfecta para que ella diese palmas de alegría. Mi voz buena, sin embargo, cada vez se hacía mucho más pequeña.

Ya os podréis imaginar cómo fueron esos seis meses de preparación para la carrera. Mi vida consistía en levantarme temprano, ir a clase por la mañana hasta el mediodía, volver a la residencia y comer algo ligero, ya que después tenía que hacer los deberes, trabajos de clase y estudiar hasta por la tarde, que era cuando salía a correr o iba al gimnasio a hacer lo que me tocase ese día. Después sería el momento de cenar (a veces incluso llegaba directa de correr al comedor porque no me quedaban horas en el día para hacerlo todo y, claro, tampoco podía saltarme los entrenamientos ahora que entrenaba para un maratón), así que pedía que me cogiesen un plato y luego lo cenaba deprisa y corriendo antes de irme a la ducha y de ahí a dormir para empezar otro día más. También es verdad que esta forma de vivir, como si el mundo se fuese a acabar al día siguiente, era algo que me proporcionaba cierta paz. Había descubierto que, al tener el día tan ocupado, dejaba muy pocos huecos para poder relajarme y descansar, y eso significaba que también dejaba poco tiempo para que los atracones pudiesen desarrollarse (solo los tenía cuando estaba sola en la residencia). Más o menos por esta época fue cuando empecé a enamorarme de los calendarios, las agendas y los organizadores semanales, tanto que mi hermana me llamaba «la loca del calendario», y no era para menos.

Mi calendario estaba lleno de colores y cada color significaba una cosa: «universidad» significaba ir a clases y todas las tareas relacionadas con ella, como estudiar o hacer trabajos; «deporte» era el momento en el que tenía que entrenar cada día y que, por supuesto, siempre estaba programado; «tareas varias» eran los recados que tenía que hacer a lo largo del día, como ir a comprar o cualquier cosa similar, y «libre» eran los momentos que me dejaba para estar en paz, los cuales eran muy pocos y escasos y casi siempre coincidían con los momentos en los que iba a casa o salía con mis amigos. A veces llegaba incluso a programar por horas mis fines de semana, así podía encajar el deporte y otras tareas que me hubiesen quedado sin hacer de la semana, por lo que mi vida se había convertido en un ejercicio de natación sincronizada en el que todo tenía que estar perfectamente medido para que la cosa fluyese sin problema. Por supuesto, este esquema mental iba bien hasta que un día, ya fuese por cansancio, agotamiento mental, mal humor o cualquier cosa externa que me hubiese pasado, tenía un atracón y ahí me hundía con todo el equipo.

Sé que al leer todo esto estaréis pensando que se me estaba empezando a ir la pinza, y, como os decía al principio del libro, creo que durante muchos años de mi vida viví situaciones bastante surrealistas. Si lo miro ahora con la perspectiva que da el tiempo, en aquel momento en mi mente todo tenía un porqué y una explicación muy razonable, y eso hacía que no saltasen mis alarmas más que por el simple hecho de que tenía atracones y eso no era tan normal. Lo que pasa es que dentro de que no era normal, yo pensaba que era algo que solo me sucedía a mí, y por eso estaba tan tan empeñada en que tenía que seguir luchando por motivarme a perder peso y no comérmelo todo de golpe, porque si otras personas podían, ¿por qué no iba a poder yo?

El caso es que, con tanto calendario, deporte y atracones, empezaba a quedarme en algunos momentos sin excusas, y eso significaba que tenía que mentir. Por ejemplo, cada vez que iba a un evento social con amigos, daba excusas que explicasen por qué me llevaba yo mi propia comida (el maratón y los entrenos eran una excusa excelente en ese sentido, porque todo el mundo entendía que una persona que tenía que correr veinte kilómetros al día siguiente como parte de su entrenamiento, obviamente no podía cenar una pizza o una hamburguesa). También daba excusas a la hora de comer en casa de mi madre, ya que, como hacía tanto deporte, tenía que cuidarme y eso significaba que no podía comer muchas de las cosas que el resto de las personas sí comían. Por supuesto, había veces que mentía porque físicamente me encontraba mal. Por ejemplo, si un jueves me había dado un atracón increíble en la residencia y al día siguiente tenía que ir a casa y cenar algo contundente, la realidad era que no podía porque me dolía la tripa de todo lo que había comido el día anterior. Por eso me veía obligada a mentir diciendo que quería cuidarme y comer sano en vez de admitir que estaba llenísima por el atracón que había tenido. Aunque en ese momento diría lo contrario, no mentía para que no se preocupasen; mentía porque sabía que hacía cosas raras y no quería admitirlo, además de que me daba mucho miedo no saber cómo iba a reaccionar mi familia si se enteraba de todo lo que pasaba por detrás. El caso es que los atracones cada vez me incapacitaban más y eran más fuertes. Casi siempre salía al supermercado y compraba dulces, chucherías, pan y sándwiches para poder comérmelos a solas en la habitación; el problema era que a veces eso no era suficiente. Había llegado hasta el punto de darme el atracón nada más comer y después quedarme dormida o viendo series toda la tarde; pero a las dos o tres horas me volvía a entrar hambre y, como aún no había llegado la hora de la cena, tenía que salir a comprar más comida. Al estar en una residencia, allí lo sabían todo y, obviamente, nos veían al salir y entrar porque siempre había alguien en portería. Eso hacía que mi comportamiento pareciese muy raro, salía a comprar comida y, al rato, repetía la misma acción.

Como las ansias por comer más no se iban así porque sí,

había días que cogía comida de la que tenía mi hermana en la habitación. Ella sí solía permitirse de vez en cuando alguna galleta o cereales y, sobre todo, Nocilla, que siempre le ha encantado. Lo que yo hacía era coger un poco de todo para que no se diese cuenta de que faltaba media bolsa de cereales. Si cogía una galleta, un poco de cereales y algo de leche que me quedaba a mí, no se iba a dar cuenta, o eso pensaba yo. También había veces que no podía contener las ganas de seguir comiendo y me acababa el paquete entero de cereales, y eso sí que era un problemón. No sabía cuándo iba a volver, pero sí sabía que de eso se daría cuenta, por eso había inventado otro método para ocultar lo que había hecho: salir a comprar un paquete igual al que había y reponerlo como si fuese el anterior. Si quedaba más de lo que ella tenía, lo pasaba a una bolsa y lo guardaba en mi armario, así parecía que todo estaba igual que cuando se había ido.

Más adelante os contaré lo que opinaba mi hermana de todo esto, que, por supuesto, no me lo diría hasta pasados muchos años, pero ya llegaremos ahí.

En el plano amoroso la cosa tampoco pintaba del todo bien, aunque, todo sea dicho, ese era el menor de mis problemas en ese momento, pero sí que conseguía ahogar mis penas de vez en cuando. Como sabéis, la relación con Iván nunca se pudo recuperar, y eso que lo intenté. Yo seguía haciéndome la dura, y sin que se me notase demasiado intentaba ir a los sitios en los que él se suponía que iba a estar. A veces coincidíamos y a veces no, pero para entonces él ya había iniciado una relación con otra persona y lo nuestro no podía ser. Siendo honesta, me lo había ganado a pulso. Por Madrid tampoco es que se cociese mucho más de lo que se cocía por mi ciudad. Sí que es cierto que había más oportunidades, y las noches en las que salíamos todas nos arreglábamos con la ilusión de ver gente nueva y quizá captar alguna que otra mirada. Creo que, cuando sales con amigas, hay tres tipos de personas en las discotecas: la amiga a la que le da igual lo que se sirva esa noche, pues casi siempre acaba perdida porque conoce a medio local; la amiga que se emborracha hasta no poder más y siempre acaba yéndose a casa con su postre (aunque luego no se acuerde de lo que se ha tomado); y la amiga que de vez en cuando se bebe hasta el agua de los floreros, pero que no siempre acaba la noche con fuegos artificiales. Pues digamos que, de esas tres opciones, yo era la tercera.

Tenía una buena base bebiendo y, oye, ya que salía, salía de lo lindo; pero, como iba de dura, era rara la vez que acababa liándome con un chico por las esquinas (a no ser que hubiese bebido mucho y ahí dependía de lo inspirada que estuviese). Vamos, que me daba mis alegrías, pero tampoco tenía nada estable. Yo tenía claro que quería ser una mujer independiente, fuerte y segura de sí misma, aunque muchas veces mi autoestima dijese lo contrario. También quería gustar (como todo el mundo), pero no quería comprometerme a nada ni con nadie, así que, cualquier relación que pudiese tener un atisbo de querer ser duradera, la tumbaba al más mínimo movimiento. Eso me hacía sentir empoderada y con una sensación de falsa seguridad, porque yo era la que decidía cuándo quería seguir adelante y cuándo no, y, en cierto modo, eso me daba placer porque alimentaba mi coraza interior. Por supuesto, ese modo de pensar solo me llevaría a mi segundo batacazo emocional y, de nuevo, lo tendría más que merecido.

Una noche de marzo, una de mis amigas de la universidad me invitó a hacer «la previa» (lo que viene a ser coger el puntillo antes de ir a la discoteca) en el piso de alquiler donde vivía junto con otra compañera y dos chicos más. Yo no conocía a sus compañeros de piso y nunca había estado en su casa, así que me pareció una buena idea ir a pasar nuestro inicio de la noche ahí. Al llegar nos presentaron de inmediato. Esa noche solo estaban los dos chicos, ya que la otra compañera se había ido a pasar el fin de semana fuera; uno se llamaba Bruno y el otro, Álvaro. Aunque Bruno era majísimo, para esta parte de la historia nos quedaremos con Álvaro, que, como os podéis imaginar, es el que llamó mi atención de inmediato.

Álvaro era del norte de España, había venido a estudiar a Madrid como la mayoría de los universitarios que viven fuera y que se mudan a la capital por la universidad o por tener más oportunidades. Había conocido a mi amiga porque Bruno iba a nuestra misma universidad y ellos dos eran amigos desde hacía bastante tiempo, así que los tres habían acordado el hecho de buscar un piso juntos que les saliese más rentable. Gracias a esas casualidades de la vida, fue como conocí a Álvaro. Creo que de inmediato saltó una chispa entre nosotros, más física que mental seguramente, porque no nos conocíamos de nada; pero, bueno, ahí estaba esa pequeña llama que hacía que tuviese ilusión por salir más a menudo.

Esa noche de presentación fue la toma de contacto y, obviamente, no pasaría nada entre nosotros hasta unas cuantas semanas después. Por supuesto, las previas pasaron a hacerse desde ese momento en casa de mi amiga, tanto por el frío que hacía en Madrid a esas alturas del año como por lo bien que nos habíamos caído todos y las risas que nos echábamos. Cabe decir que también hubo alguna que otra vez que yo animaba a mi amiga a ir a hacer los trabajos de la universidad en grupo a su casa, así coincidía también con Álvaro y charlábamos un rato al terminar. Como vosotros también sabréis, queridos lectores, las cosas no pasan si dos no quieren, y estaba claro que ambos queríamos.

Una de las noches que iba a salir de fiesta con mis amigas, también se animaron Álvaro y Bruno. La idea era beber algo en su casa, ir un rato a la discoteca y después cada mochuelo a su olivo, pero, claramente, la noche no terminó así. Esa noche yo estaba bastante feliz. Digo «bastante» porque últimamente tampoco disfrutaba mucho de nada, a no ser que fuese el hecho de ver que había bajado de peso en la báscula. Sin embargo, ese día se habían juntado varios motivos que explicaban mi repentina euforia: en primer lugar, sí que había bajado de peso y era bastante evidente porque varias chicas de mi residencia me lo habían comentado. En segundo lugar, sabía que esa noche saldríamos todos juntos y eso significaba que había mariposillas recorriéndome el estómago. Y, en tercer lugar, mi hermana me había dejado un vestido que me quedaba increíble. Sé que está feo que una lo diga, pero, viendo las fotos de esa noche, la verdad es que estaba radiante. El vestido era negro con tirantes azul oscuro. Llevaba unos volantes por la parte de debajo y acababa un poquito antes de la altura de las rodillas, suficiente para que se viesen las piernas, que llevaba cubiertas con unas medias negras tupidas y unos tacones que ensalzaban la figura. Además, llevaba el pelo recogido, en coleta, y en esa época tenía el pelo larguísimo, por lo que el efecto de la coleta al caer sobre la espalda abierta era cautivador.

No sé si fue por el vestido, las copas de más que nos acabamos tomando o la euforia de salir un viernes con el chico que me gustaba, pero esa noche acabaría durmiendo en casa de mi amiga y, por tanto, en casa de Álvaro. Y eso solo significaba una cosa: acabaríamos medio liados a partir de ese momento. Digo «medio» porque yo en todo momento dejé claro que no quería nada serio, aunque, como ya me vais conociendo, os podéis imaginar que mis acciones no tenían mucho que ver con mis palabras (al final, he sido y soy una romántica), por lo que la confusión estaba servida desde el principio. Nunca tuvimos una cita como tal, es decir, nunca salimos a un restaurante o hicimos un plan de «parejas», a pesar de vernos a menudo y charlar durante horas; pero creo que él pronto se sintió muy cómodo y se fue abriendo poco a poco, mientras que a mí ese extra de cariño me venía muy bien. Seguía sin admitir nada de lo que me pasaba con la comida y tampoco admitía que echaba mucho de menos a mi padre, aunque era algo que me dolía a menudo, por eso seguía con mi coraza intacta y no me importaba hacer pedazos por el camino a nadie (aunque luego la que se haría pedazos iba a ser yo; pero nada, que no aprendía la lección). Con el paso de las semanas, Álvaro y yo ganábamos confianza, pero por mi parte no había nada serio que nos atase el uno al otro, de hecho, creo que en ningún momento hablamos de hacer seria la relación, y eso es lo que llevó a la confusión que también acabaría con esta historia. Antes de contaros por qué me di mi segundo batacazo emocional, quiero hacer un inciso, porque en esta historia ya es abril de 2015 y eso significa que es el mes del maratón de Madrid. Recordemos: mi primer maratón.

Los entrenamientos habían ido bastante bien. A pesar de los atracones, había conseguido hacer la mayoría de los entrenamientos planificados y estaba preparada para enfrentarme a la última carrera larga antes del maratón: la primera vez que correría treinta y cinco kilómetros seguidos y que sería la prueba definitiva de que estaba preparada para el reto final. Ese fin de semana estaba en mi ciudad natal, lo había planificado así, ya que odiaba correr llevando mochilas o cosas en los bolsillos y necesitaba a alguien que me acercase comida y agua a mitad de la carrera. Si algo he aprendido corriendo tantos años es que todo lo que hagas en el maratón lo has tenido que probar antes, y eso incluía probar a tomar la misma comida que me darían durante el maratón. Con todo bien organizado y mentalizada para lo que me esperaba, empecé a correr a las diez de la mañana del domingo. Había desayunado dos horas antes y me había dado tiempo a hacer la digestión, por lo que salí con bastante energía. Los primeros diez kilómetros fueron bastante bien, después tuve un momento de bajón durante el kilómetro quince porque empezaba a notar el cansancio y aún me faltaban otros veinte kilómetros más. Aun así, ya había corrido veintiocho kilómetros en otro entrenamiento y sabía que podía hacerlo, por lo que seguí adelante. Alrededor del kilómetro veintiuno (lo que sería un medio maratón), me encontré con mi madre, que me dio un plátano en trocitos, frutos secos y agua (con eso podría tirar perfectamente hasta los treinta y cinco). Os diría que fue fácil a partir de ahí, pero no es la verdad. A menudo tenía pensamientos intrusivos que me decían que parase, que era mucho y que no podría acabar el maratón. Seguidamente, tenía pensamientos más positivos y me motivaba a mí misma haciéndome creer que podía con todo. Básicamente, el hecho de correr distancias tan largas no es cuestión de preparación en sí (claro que hay que ir entrenado), pero es mucho más mental; es como una batalla en tu cabeza entre el mal y el bien, entre la voz que te dice que es hora de parar y la voz que te dice que sigas un poquito más. Yo ya estaba entrenada con mi voz del TCA en esa lucha constante, y quizá eso fue lo que me ayudó a ganar esa batalla y motivarme a seguir corriendo. El caso es que ese día acabé los treinta y cinco kilómetros y pude decir que sí estaba preparada para el maratón.

26 de abril de 2015. El maratón

Ese día me levanté a las seis de la mañana. La carrera empezaba a las nueve y tenía que desayunar tres horas antes, ya que el desayuno iba a ser bien contundente. Me puse el despertador y, sin levantar a mi madre y a mi hermana, me fui a la cocina, me preparé un café, dos tostadas de pan integral, dos huevos revueltos, fruta y un *porridge* de avena. La verdad es que tenía muchísimo sueño, pero sabía que tenía que comer y luego podía dormirme otro rato más hasta las ocho y cuarto, hora en la que me vestiría para ir a la entrada del maratón.

A las nueve de la mañana ya estaba preparada en la salida y mi madre y mi hermana estaban detrás de la valla animándome. No os lo he contado antes, pero por esas fechas mi padre empezó a retomar el contacto con mi hermana y conmigo. Al principio nos veíamos de vez en cuando, pero poco a poco estuvo más presente en nuestra vida. Ese día iría a verme correr, solo que en otros puntos de la carrera, algo que me hacía muchísima ilusión. El día era de un color grisáceo oscuro, aunque no se esperaban grandes lluvias, y había tantos corredores preparados para salir que el ambiente era increíble. Se notaba la adrenalina en el aire de todos los corredores y nos inspiraba a confiar en que acabaríamos ese día triunfantes con nuestra medalla en la meta. Cuenta atrás. Tres. Dos. Uno. Pistoletazo de salida. Una marea delante de mí comenzó a moverse y pronto llegó mi turno, el maratón había empezado. Me sabía el recorrido de pe a pa. Aunque no lo había corrido por completo, me conocía la mayoría de las zonas por las que pasaba y sabía que sería complicado, pero no sabía que sería mucho más duro de lo que me imaginaba. Hasta el kilómetro doce todo fue relativamente sencillo. La energía y emoción del principio me mantuvieron muy motivada y distraída durante la carrera. Mi plan era no llevar música hasta que la motivación fallase, para que en los últimos kilómetros, que es cuando llegaba el famoso muro, pudiese servirme de impulso; así que iba escuchando a la gente que nos animaba y la música que tocaban en los distintos escenarios que habían puesto en la ciudad. Al llegar al kilómetro doce y más o menos cuando me encontré por primera vez con mi madre y mi hermana en el recorrido, empezó a llover. Todo el mundo sabe lo que dice el dicho: «En abril aguas mil», pero seguramente nadie se esperaba que ese día lloviese como llovió. Al principio fue una lluvia bastante tolerable; pero cuando llegamos al kilómetro veinticuatro, y después de llevar una hora y media corriendo bajo la lluvia, íbamos todos empapados. Había visto a mi padre en la plaza del Sol y eso también me había dado otro chute de energía, que duró hasta que entramos en la Casa de Campo. El recorrido por allí era bastante plano y eso ayudaba mucho porque la motivación comenzaba a flojear. En el kilómetro treinta ya estaba agotada físicamente y sabía que aún me quedaban otros doce kilómetros más, que al ritmo al que iba suponía otra hora y media más o menos. No había parado en ningún momento, sabía que si paraba ya no iba a poder seguir, así que mi pensamiento siempre era: «Sigue un poco más». Me acuerdo perfectamente de que un chico que estaba viendo la carrera, más o menos a la salida de la Casa de Campo y en una cuesta de subida, me miró fijamente a los ojos y me dijo: «Tú puedes, sigue así». Que esa persona que no me conocía de nada me mirase y me hiciese ver que sabía que estaba sufriendo, pero que aun así sabía que podía seguir, me dio un chute de energía y me animó a ponerme la música de cara a los últimos doce kilómetros. Ya quedaba menos.

En el kilómetro treinta y cuatro fue cuando llegó mi muro. La zona de la ciudad por donde íbamos estaba bastante alejada del centro de Madrid y había poquita gente, era más lúgubre y también era cuesta arriba. El combo perfecto para que el muro se echase sobre mí. En ese momento yo ya no sentía las piernas y empezaba a dolerme la tripa por llevar la camiseta y el chaleco empapados y pegados a ella desde hacía dos horas. Dicen que en el muro es cuando más te cuesta seguir porque sabes que aún tienes bastantes kilómetros por delante y físicamente estás agotado, por lo que básicamente tienes que tirar de fuerza mental para acabar la carrera. Yo sabía que no podía rendirme, tenía que acabar el maratón y demostrarme que podía con eso y más. Si me rendía, eso acabaría con mi autoestima y confianza en mí misma por completo.

En el siguiente kilómetro me encontré con mi madre de nuevo, le dije que estaba en el muro y me animó corriendo detrás de mí unos metros mientras me decía que podía seguir y que lo iba a conseguir. Con la fuerza mental que me quedaba y la música a todo volumen, conseguí llegar al kilómetro treinta y ocho. Ya estábamos cerca del Retiro, donde acababa la carrera, y yo sabía que en algún momento cercano tendríamos que girar a la derecha para subir a la meta. Lo que no me imaginaba era que esos últimos cuatro kilómetros eran completamente cuesta arriba y se harían eternos. Si puedo aconsejaros algo, queridos lectores, es que, si alguna vez decidís correr vuestro primer maratón, no seáis masocas como yo, hacedlo en una ciudad que sea plana, no hay necesidad de sufrir adicionalmente. Hecho este breve inciso de recomendación personal, seguimos con el día de la carrera.

Con la poca energía que me quedaba y ya en el kilómetro cuarenta y uno, nos disponíamos a subir la última cuesta antes de llegar al Retiro, a la meta. No sé si puedo describir bien lo que sentí en ese momento porque solo la persona que ha corrido un maratón puede saber lo duro que es mentalmente. Solo os diré que entre el cansancio acumulado después de cuatro horas y veinte minutos corriendo sin parar, empapada y con dolor de tripa, cansada y agotada mentalmente porque no veía el fin y enfrentándome a una cuesta que en esos momentos me parecía imposible de subir, me eché a llorar. Seguía corriendo mucho más lento, pero sin parar mientras lloraba del puro agotamiento. De verdad que si me llegan a decir en ese momento que tenía que hacer cien metros más, no sé si los hubiese hecho. Justo en ese instante, otra persona que me vio más adelante se acercó a donde yo estaba y agitando los brazos me dijo: «¡Vamos, vamooos! Ya lo tienes, está ahí». Tampoco sé quién sería esa persona, pero gracias a ella pude subir esos últimos metros de la cuesta y entrar en la bajada que me llevaba a la meta. Ya en el pasillo de meta, vi a mi padre a la derecha, le di un abrazo y un beso, caminé los últimos metros hasta llegar al final y me desplomé. Recuerdo que me paré a la derecha en una esquina y me senté sin poder creerme lo que acaba de hacer. Lo había conseguido. Era, con veinte años, maratoniana. Después de unos minutos, seguí caminando hacia delante, me pusieron la medalla y me encontré con mi madre y hermana, que me llevaron casi a rastras a casa, donde me pude dar una ducha y echarme a dormir, agotada.

Me encantaría deciros que después del maratón todo cambió, que esa carrera me inspiró lo suficiente como para dar el paso y pedir ayuda con la comida, pero por suerte para esta historia y para este libro, que si no sería mucho más conciso, no fue así. Al maratón había llegado en bastante buena forma a pesar de mis subidas y bajadas de peso constantes por los atracones. No había llegado a los cincuenta y seis kilos que quería, pero sí que había podido correrlo, y eso ya era mucho. Sin embargo, el maratón se había acabado y yo estaba agotada. Ya no tenía un reto que me motivase a seguir entrenando y mi cuerpo me pedía a gritos un poco de descanso. Esto solo propició una cosa: más atracones y mucho más frecuentes. Al no poder compensar esos atracones con tanto ejercicio como antes, la culpa que sentía después era mucho mayor y eso, sumado al hecho de que veía como iba cogiendo peso muy rápidamente, suponía un grado más de angustia y desesperación.

Tras varias semanas con atracones diarios, decidí ponerme a investigar por internet y ver si alguien más había pasado por un proceso similar. Yo seguía pensando que era culpa mía por la falta de autocontrol que tenía, pero creía que si a alguien más le pasaba, quizá podría ayudarme a ganar esa confianza extra que necesitaba para poder salir de ahí. Cuál fue mi sorpresa al encontrarme con algo que, por primera vez, me dio la clave para entender qué es lo que me estaba pasando. No había encontrado nada útil en español, ya que todo lo que encontraba relacionado con atracones eran artículos sobre obesidad y sobrepeso y, en algunos casos, se mencionaba la bulimia; pero eso no era lo que me pasaba a mí. Sin embargo, buscando también en inglés y traduciendo la palabra «atracones» en la red, di con el término: «binge eating» (lo que ahora conocemos como «trastorno por atracón»).

No tenía ni idea de que existía algo así ni, mucho menos de que era un tipo de enfermedad en la que las personas que lo sufrían comían compulsivamente sin poder controlarse para después intentar compensar lo que habían comido con dietas, ayunos o ejercicio.

Me asusté.

Me asusté tanto cuando leí todo eso que casi me dio miedo seguir leyendo. Estaba enferma. No sabía hasta qué punto; pero, por lo que otras personas comentaban sobre los atracones, parecía ser una enfermedad. Aun así, seguí buscando información porque, en cierto modo, me sentía aliviada por saber que eso existía y que no eran paranoias mías. Además, si existía, significaba que tenía solución y eso me daba esperanza. No encontré mucha información sobre cómo acabar con ellos ya que pocas personas contaban que habían podido salir de ahí, pero sí que me topé con un libro que me llamó mucho la atención: *Brain over Binge*. No estaba traducido al español y, de hecho, tampoco está traducido a día de hoy, pero por los comentarios que tenía el libro parecía ser que ayudaba a comprender por qué se daban esos atracones desde un punto de vista mucho más mental, y yo, obviamente, quería saber exactamente qué era lo que me ocurría, así que di el paso y me compré el libro.

No sé si tardó una semana en llegar o un poco más (entonces no existía Amazon Prime), pero sí que recuerdo que lo pedí para que llegase a casa de mi madre. En la residencia no recibíamos muchos paquetes y, si lo hacíamos, los revisaban para ver de quiénes eran, y, claro está, no quería pasar por esa situación. Como estaba en inglés, sabía que mi madre no iba a entender de qué se trataba el libro, así que no me preguntó mucho cuando simplemente le dije que era un libro que quería leer. Para entonces, creía que los atracones, al igual que la pérdida de peso, tenían una cosa en común y es que tenías que dar con una llave mágica para poder acabar con ellos. Creo que, hasta cierto punto, todos pensamos que existe algo que no nos han contado, como si se tratase del primer viaje a la Luna. Nos creemos que el hecho de perder peso y mantenerlo o acabar con los atracones es un misterio que tiene que ser resuelto, en vez de fiarte de las pruebas que hay y hacer caso a lo que te dicen y que, obviamente, no quieres oír. El caso es que yo buscaba esa solución como si me fuese la vida en ello, y creía que el libro iba a dármela.

Como ya os estaréis imaginando por mis palabras, eso tampoco ocurrió. El libro me dio una nueva perspectiva sobre los atracones, ya que pude entender el proceso que suponía tener un atracón y por qué después era tan difícil acabar con ellos. Básicamente, trataba de simplificar el proceso de atracones y bulimia (en algunos casos ambos trastornos alimentarios coexisten juntos) haciéndote ver que el problema de los atracones no era ellos mismos, sino las ganas que tenías de dártelos. También contaba que, al ser una enfermedad mental, una parte se desarrollaba por la restricción calórica y las dietas extremas, pero otra parte muy importante era porque se convertía en un hábito, y a medida que pasaba el tiempo era mucho más difícil salir de ese camino, ya que ese hábito simple quedaba instaurado en tu cabeza. El libro proponía romper esas conexiones neuronales y «resistir» a esos atracones intentando cambiar los motivos por los que tienes ganas de dártelos. Ojo, con este libro no quiero quitarle la razón a nadie, ya que soy partidaria de pensar que cada persona es diferente y, por tanto, cada persona necesitará una solución particular; por lo que entiendo que en algunos casos este libro ha podido ayudar a personas con TCA a salir de él. Pero, por desgracia para mí, este no fue mi caso.

A pesar de haber hecho todos los ejercicios del libro y reflexionado sobre por qué tenía ganas de darme esos atracones, siempre llegaba a la misma conclusión por extraña que pareciese: llegaba a un punto en el que quería darme esos atracones. Básicamente, me hacían sentir bien porque desconectaba del mundo y podía comer un montón de comida rica que me encantaba y que de otra forma no podía comer. Era una manera de abstraerme del mundo real y sumergirme en un mundo paralelo en el que vivía una vida diferente. Eso sí, cuando tocaba volver al mundo real, estaba hecha una mierda, física y mentalmente. No solo me dolía la tripa por la cantidad de comida que había ingerido, también estaba cansada, agobiada y muy preocupada por cómo todo lo que había comido se vería reflejado en mi aspecto físico. Sencillamente, era una persona que vivía con dos realidades paralelas, y una de ellas, la que me animaba a tener esos atracones, me hacía muy feliz. Quizá por ese simple motivo el libro no funcionó conmigo, pero más adelante os explicaré por qué, según mi opinión, intentar resistir a los atracones una vez tienes ganas de dártelos es una batalla perdida.

Una nueva etapa

Acababa de terminar segundo de carrera y casi no me lo podía creer. Después de un año lleno de subidas y bajadas, de momentos mejores y peores, había conseguido sacar todas las asignaturas del año y, una vez más, mantener la nota media que necesitaba para la beca. Con la llegada de junio llegaban los últimos exámenes y también venía el buen tiempo y las ganas de disfrutar del verano, aunque fuese la época del año que menos me gustaba. Quería ver a mis amigos, salir de cervezas y disfrutar los días al sol; pero el hecho de tener que enseñar más cuerpo del habitual y tener que ponerme el bikini si íbamos a la piscina era algo que me ponía de los nervios. También era el momento de despedirse de los amigos de la universidad (ya que la mayoría éramos de fuera de Madrid) porque volvíamos a nuestras casas para disfrutar de los meses que no teníamos universidad —¡quién me regalase ahora dos meses de vacaciones, sería una maravilla!—, pero, bueno, volviendo al hecho de que tocaba despedirse y eran los últimos fines de semana que nos quedaban en la ciudad, yo aproveché y disfruté de una noche con Álvaro, sin saber que sería la última vez que le volvería a ver.

Esa noche decidimos hacer algo de comida casera para cenar y fingir que queríamos ver una película. Digo «fingir» porque, como vosotros también sabréis, el hecho de decir que vas a ver una película por la noche con esa persona que estás conociendo es una mentira más grande que la de que existe Papá Noel (espero que esto no sea una sorpresa para nadie a estas alturas). Vamos, me atrevería a poner la mano en el fuego y decir que casi todas las parejas que han dicho eso, en algún momento de su relación no han acabado de ver la película y, seguramente, nunca sabrán cómo acaba dicha película. El caso es que la excusa ahí estaba y también dejaba la cosa en suspenso para que siempre te quedase una pequeña duda y no supieses si de verdad tenías que ponerte tus braguitas a conjunto con el sujetador o no. Yo, por si acaso, siempre lo hacía. Esa noche fue especial para los dos, además de muy larga. Nos pasamos varias horas hablando de la vida y divagando en general de todo un poco. Ya sabíamos bastante de la vida personal de cada uno y teníamos confianza suficiente como para ponernos a hablar de chorradas que nos hacían reír. Incluso nos poníamos algún vídeo en YouTube y nos reíamos comentándolo o viendo estupideces varias. Básicamente, fue una buena noche. A la mañana siguiente, nos despedimos dándonos un beso y quedamos en estar en contacto sin saber cuándo volveríamos a vernos, ya que el año siguiente yo estaría fuera de España y empezaría una nueva etapa en mi vida que me hacía muchísima ilusión. Aun así, los dos teníamos ganas de mantener el contacto y ver si nuestra medio amistad, medio relación, duraba hasta mi vuelta, cosa que, claro está, nunca ocurrió.

Unas semanas más tarde, ya en mi ciudad natal, salí de nuevo de fiesta con amigas y eso solo significaba una cosa: peligro. La verdad es que era una persona muy madura en algunos momentos, pero mucha de esa madurez adquirida de forma tan temprana también hacía que mi yo de veintiún años recién cumplidos necesitase una vía de escape simplemente para sentir que aún era adolescente; y esa vía de escape para mí eran mis amigas, los bailes de madrugada y unas cuantas copas de alcohol. Como ya os he contado un poco antes, lo bueno y malo de las ciudades pequeñas es que conoces a casi todo el mundo y tienes acceso rápido a situaciones que en una ciudad más grande quizá te cuesta más tener. Esa noche, casi como cada noche que salía por mi ciudad, me encontré con un chico muy mono que hacía tiempo que me gustaba. No gustar en plan gustar, sino que me hacía tilín y, por tanto, era un buen candidato para pasar una noche divertida. Sé lo que estaréis pensando, «¿y Álvaro?», pero Álvaro, por mucho que me gustase y tuviese una conexión especial con él, no había conseguido quitarme la coraza que me protegía y que me decía que yo estaba muchísimo mejor soltera. Esa coraza pensaba que, si yo nunca me enamoraba, no me harían daño, así que prefería hacerlo yo antes de que me lo hiciesen a mí. Por supuesto, toda esta reflexión la he hecho con el paso de los años y, obviamente, en ese momento no pensaba mucho más allá del simple hecho de decir: «Voy a dejarme llevar». De nuevo, pasó lo que tenía que pasar. Esa situación, sumada a un par de copas de más, propició una de mis mejores ideas hasta la fecha (por favor, nótese la ironía en estas líneas): llamar a Álvaro y decirle la verdad, así, a quemarropa. Yo simplemente quería ser sincera y decirle que aún quería seguir viéndole, pero que al mismo tiempo no quería comprometerme a nada y, en algún lugar remoto de mi mente, eso me pareció que era factible y que Álvaro tendría que entenderlo. Por supuesto, eso tampoco ocurrió. Sinceramente, no me acuerdo qué me contestó Álvaro, pero esa fue la última vez que hablamos. La historia se volvía a repetir. Prefería ser esa chica con suficiente confianza en sí misma como para romper el corazón a una persona que estaba interesada en mí, en vez de que la situación fuese al contrario. Claro está que al hacer esto yo acababa siendo la primera perjudicada porque, a pesar de lo que dijese, mi confianza en mí misma era nula, y encima Álvaro sí que me importaba.

Los meses de verano pasaron con bastante rapidez. Tanto mi hermana como yo nos habíamos sacado un curso de socorrismo para poder trabajar en una piscina durante el verano y poder pagarnos parte de nuestros gastos durante el año. El trabajo era sencillo, pero bastante agotador, a pesar de lo que se pueda pensar. Os aseguro que estar doce horas debajo de una sombrilla al calor y tener que mirar al agua constantemente era de todo menos un trabajo ameno. Aun así, entre las horas de trabajo y los fines de semana que salíamos, nos organizábamos bastante bien y, por supuesto, conseguimos ahorrar un buen dinero. Precisamente, ese dinero me venía fenomenal porque finalmente había decidido con mi madre que podría irme de Erasmus al curso siguiente. El Gobierno me daría una ayuda para el alquiler, y con lo que había ahorrado durante el verano y lo que me ayudaría ella, podía mantenerme seis meses en Bélgica, que era el destino que al final me habían concedido.

Unos días antes de irme a Lovaina, la ciudad belga en la que me quedaría, mis amigas me hicieron una fiesta sorpresa en mi casa. Me pusieron carteles, trajeron todo tipo de comida y se presentaron todas para despedirse de mí. Parecía que comenzaba una etapa diferente en mi vida, y así lo sentía yo también. Ese viaje me daba esperanza: quizá en Madrid no lo había conseguido, pero seguro que al irme fuera y poder vivir de forma independiente, sí o sí conseguiría acabar con mi problema, perdería peso y volvería a España siendo una persona completamente diferente. Una persona mejor.

Y como si de un cuento de hadas se tratase, me dispuse a leer su primera página. Una nueva etapa se habría ante mí.

Bélgica es mucho más que el chocolate

—Mamá, vamos, que no quiero llegar con el tiempo justo.

—Hija, ¿has cogido todo? Repásalo otra vez.

—Sí, mamá: DNI, pasaporte, comida, el abrigo y las maletas, que ya están metidas. Lo tengo todo.

—Vale, vale, venga móntate en el coche —decía mi madre

mientras bajaba las escaleras que daban al garaje y apagaba la luz a su paso.

Era mediados de septiembre y había llegado el día en el que tomaría el vuelo camino de Lovaina. Hacía unos meses ni siquiera sabía que existía esa ciudad, y mucho menos que sería una ciudad que me cautivaría por completo. Sabía dónde estaba Bruselas, por supuesto, y conocía de oídas Gante y Brujas, ya que eran otras dos de las ciudades más famosas de Bélgica, pero Lovaina, ni idea. La verdad es que iba sin ninguna expectativa de lo que me iba a encontrar, también porque las fotos de Google no enseñaban gran cosa aparte de una iglesia que parecía muy bonita y alguna que otra calle con una arquitectura pintoresca. Un mes antes del día en el que partía, había contactado a través de un grupo de Facebook a una chica que, al parecer, también iba a mi universidad, aunque estudiaba Psicología, y como el campus era muy grande nunca la había conocido. Ella también tenía como destino de su Erasmus Lovaina. Había encontrado una habitación a compartir en una residencia de estudiantes de la ciudad y ofrecía ese hueco en la habitación a otra persona que también quisiese compartir (salía mucho más económico, por supuesto). Sofía, la chica en cuestión, viajaba con un grupo de amigos a los que me había dicho que conocería al llegar, pero tampoco quería compartir habitación con ellos, ya que quería conocer gente nueva. De eso se trata el Erasmus, ¿no? El caso es que Sofía y yo habíamos hablado por Facebook y al instante nos habíamos caído bien, así que decidimos compartir habitación y conocernos por primera vez una vez que yo llegase a la ciudad.

El día que volaba llegaba más bien tarde a mi destino, y eso significaba que la administración donde tenía que recoger las llaves de mi nueva habitación no estaba abierta. Como pronto veréis, lectores, en la mayor parte de las ciudades europeas que están situadas más al norte sus ciudadanos son bastante rígidos y con un afán increíble por respetar las normas (igualito que los españoles, vamos), así que no me quedaba otra opción que buscarme la vida para esa primera noche, ya que hasta que no me diesen las llaves y entregase el depósito que me pedían no podía dormir en mi habitación. Con esa perspectiva en mente, ya me había puesto manos a la obra unas semanas antes y había contactado con un chico muy majo que hacía *couchsurfing*. Básicamente, la idea es que la persona que te acoge lo hace de forma gratuita, ya que tiene interés por tener compañía o conocer a gente; y la persona que llega es su huésped. Aunque pueda sonar muy turbio y rocambolesco, era algo que yo ya había probado durante un viaje que hice a Italia mientras viajaba sola y que me había fascinado por completo (por supuesto, había que tener cuidado con qué personas te quedabas, pero, generalmente, todas eran muy amables y agradables).

Volviendo a nuestra historia, ya había conseguido un *host* o anfitrión para mi primera noche en Lovaina, por lo que nada más llegar a la ciudad cogí el tren desde Bruselas a mi nuevo destino y me dirigí con mis dos maletas de quince kilos, cual guiri, a su casa. La verdad que el recibimiento fue espléndido. Aunque mi inglés estaba un poco oxidado de practicarlo poco, conseguimos entendernos muy bien y me dio una serie de recomendaciones que serían esenciales para pasar mis primeros días en la ciudad. Me contó que lo primero que tenía que hacer era ir a registrarme al Ayuntamiento de Lovaina como residente en la ciudad, ya que eso me daba el permiso para sacarme el carné de estudiante y alguna otra cosa que también era importante en cuanto a papeleos con la universidad. También me comentó que los belgas eran personas muy fiesteras y que, por supuesto, bebían muchísima cerveza. Tendría que estar preparada porque, si había un plan o evento principal, seguramente incluía cerveza. Todo sea dicho, hace años no me gustaba la cerveza y hoy en día tampoco la tolero demasiado, a no ser que sea con limón (lo sé, eso no es cerveza, pero qué le vamos a hacer). Mi futuro como estudiante de Erasmus tenía pinta de que iba a ser interesante, desde luego.

Esa noche cenamos tranquilamente en casa de mi anfitrión, charlamos de diferentes cosas y quedamos en que nos veríamos más a menudo por la ciudad. Tampoco era difícil. Lovaina es bastante pequeña y estaba llena de estudiantes universitarios, así que los sitios por los que se salía se limitaban a una plaza central, donde estaba el meollo de la cuestión. Esa noche dormí como un bebé. Con toda la adrenalina que llevaba en el cuerpo desde esa mañana, por fin me encontraba allí, dispuesta a conocer a mi nueva compi de piso y con la expectativa de un futuro lleno de experiencias interesantes.

A la mañana siguiente me levanté temprano y mi anfitrión y yo nos tomamos un café antes de partir a mi nuevo hogar. No quería abusar de su hospitalidad y, generalmente, había veces que me saltaba el desayuno porque así me ayudaba en mi objetivo de la pérdida de peso. Después de ese café recogí mis cosas y puse rumbo a la residencia donde me iba a quedar. Nada más llegar, fui a hacer los dichosos papeles y el recibimiento no pudo ser peor. Las chicas de la administración del sitio eran bordes no, lo siguiente, y, como pude comprobar más adelante, no era la única que lo decía. A pesar de eso, cogí mis llaves del apartamento y caminé, de nuevo con mis dos maletas, hasta una de las entradas de la residencia que era la que daba a la calle principal. El edificio era verdaderamente inmenso.

Para llegar a nuestra habitación teníamos que subir un par de escaleras más anchas hasta llegar al último piso de la residencia, donde había un pasillo muy estrecho con una especie de cocina común. Al girar a la izquierda, se llegaba a la puerta de nuestra habitación. La habitación, o estudio, mejor dicho, era un dúplex bastante amplio para dos estudiantes. Entrando a la izquierda estaba el baño con su ducha, lavabo y aseo; a la derecha, una mesita para comer y una cocina bastante apañada. No era enorme, pero para lo que íbamos a cocinar nos bastaba y nos sobraba. Después había una escalerita de madera, un tanto empinada, que daba al piso de arriba, donde se encontraban las dos camas, una para cada una, separadas por una especie de viga de madera. No había más en el estudio, ni tampoco tendríamos mucha privacidad, porque las habitaciones no estaban separadas, pero esa situación daría lugar a unas cuantas risas.

Dejé mis maletas en el suelo y salté eufórica de alegría. Mi primera experiencia de vida a solas en una nueva ciudad. La primera vez que me cocinaría yo misma, que iría a la compra, que haría lo que yo quisiese cuando yo quisiese… Infinitas posibilidades se abrían ante mí, y esa sensación de libertad era lo mejor que me había pasado en mucho tiempo.

Una vez digerida esa realidad, me dispuse a sacar todo lo que había traído (que no era poco).

La «chupipandi»

Sofía no estaba en la residencia durante mi llegada porque había salido con su amiga Lucía a dar una vuelta por la ciudad. Nos habíamos escrito y habíamos quedado en vernos esa tarde en la entrada del portón principal, donde las conocería a ambas. Yo parecía una chiquilla recién salida de su primera clase en un nuevo colegio. Estaba nerviosa y emocionada al mismo tiempo. Tenía muchísimas ganas de conocer a la que sería mi compañera de piso los próximos meses y a sus amigos, de conocer a gente nueva, de compartir experiencias y de descubrir esa nueva ciudad de la que aún ninguno teníamos ni idea, pero que acabaría enamorándonos a todos.

A las dos de la tarde, bajé las escaleras de la residencia para encontrarme con Sofía y nada más dar la vuelta a la calle, allí estaba. Sofía era una chica torbellino, como yo digo, con mil ideas y unas ganas locas de descubrir el mundo. Tenía muchas ganas de vivir esa experiencia y se notaba que estaba dispuesta a sacarle el máximo provecho. Por lo que parecía, ya se había informado de la mayoría de las cosas esenciales para nuestros primeros días, e incluso había conocido a algunas personas de nuestra residencia, cosa que también nos ayudaría a conocer a otros grupos de amigos nada más llegar. Como yo ya sabía, Sofía no viajaba sola y traía de España su propio grupo de amigos. Uno de ellos era Lucía, quien también estudiaba en nuestra universidad cursando Psicología, como Sofía. A pesar de ser amigas, habían decidido coger las habitaciones con personas que no conociesen, por eso Sofía compartía habitación conmigo y Lucía compartía habitación con una chica muy maja (también española) que venía de Andalucía. Además de Lucía, Sofía era de las pocas personas que conocí que también venía con su novio al Erasmus, Martín, y el primo de él, Andrés, a los que conocería al día siguiente en la primera escapada típica de cualquier universitario que se precie: un día en Ikea. Los cuatro juntos formaban un grupo muy variopinto, por decirlo de algún modo, pero pronto veríamos que encajábamos a la perfección para esa aventura. De hecho, poco tiempo después pasaríamos a denominarnos como la «chupipandi», o al menos así es como se llamó nuestro nombre de grupo de WhatsApp.

La verdad es que tener ese núcleo de amigos ya desde el inicio de la experiencia me vino fenomenal porque me dio un poco de estabilidad y alejaba ese miedo que todos tenemos de no encajar con nadie y quedarnos solos (cosa que es francamente difícil en un Erasmus, pero por si acaso). También nos ayudó a conocer diferentes lugares desde el principio, y uno de esos lugares fue, obviamente, Bruselas. Nunca había estado en esa ciudad, pero había oído hablar sobre ella (lo que todos más o menos conocemos: Tintín, políticos y el chocolate belga, así *grosso modo*). Cuando llegamos a la capital con el tren directo desde Lovaina, lo primero que hicimos fue ir a ver su espectacular plaza central, llena de casitas de colores y con una arquitectura muy gótica pero preciosa. Caminamos por sus calles estrechas y más de una vez nos topamos con sus típicos gofres belgas y sus escaparates llenos de chocolate. Cuando vi todo eso, mi mente del TCA volvió a salir a la luz como un pequeño rayo de sol que se cuela por la ventana. Había estado dormida durante unos meses y me había dado un poco de respiro que, la verdad, no me venía nada mal. Con todo el ajetreo de la mudanza, conocer gente y asentarme en la nueva ciudad, casi no me había dado tiempo ni a pensar en los atracones. Había seguido comiendo lo más saludablemente posible porque estaba obsesionada con la comida nutritiva y *healthy*, pero el haber estado tan entretenida hacía que no quisiese encerrarme en casa a darme atracones, y eso me hacía muy feliz. Parecía que podía controlarlo y que mi presagio de que salir de España iba a ayudarme a acabar con el TCA se iba a cumplir. Aún no me quiero adelantar a los acontecimientos, pero, como veis, queridos lectores, mi comportamiento respecto a la comida y al ejercicio no había cambiado, de hecho, si lo había hecho, era para volverse más estricto aún, y por eso era bastante difícil pensar que solo por el hecho de vivir fuera mi TCA se esfumaría de repente. Pero, oye, dicen que la esperanza es lo último que se pierde y a mí aún me quedaban un par de buenos tortazos para toparme de frente con la realidad.

Volviendo a Bruselas y a sus chocolates belgas, la verdad es que la ciudad nos fascinó. Era cómoda de caminar y al mismo tiempo tenía la estructura de una gran capital, llena de restaurantes, bares y cosas que hacer. Recuerdo las cristaleras de varias librerías de la ciudad llenas de cómics de Tintín y muchísimos libros que nunca había visto, la mayoría de ellos en francés. Esto es algo que también me sorprendió mucho de Bélgica, y es que dependiendo de la zona donde estuvieses hablaban francés o flamenco (un idioma muy parecido al holandés, pero con ciertas diferencias). En Bruselas, por ejemplo, la mayoría hablaban francés, mientras que en Lovaina, a pesar de estar muy cerca de la capital, se hablaba sobre todo flamenco y en algunos casos incluso podías toparte con personas que se enojaban si les hablabas en francés. Yo no hablaba ni francés ni flamenco, pero mi inglés era bastante bueno, así que con ese idioma fue con el que pude manejarme durante toda mi estancia en el país. Tras todo el día recorriendo la ciudad, decidimos volver en el último tren de la tarde a Lovaina mientras charlábamos de la vida y organizábamos nuevas quedadas según las cosas que teníamos que hacer los siguientes días, como, por ejemplo, comprar una bicicleta. Si hay una cosa que tenías que hacer al llegar a un país nórdico, era comprar una bicicleta, el medio de transporte por excelencia.

Al día siguiente fuimos a conocer la universidad por primera vez. Mi campus estaba en lo alto de la ciudad y estaba compuesto por tres edificios principales: el edificio donde dábamos las clases, otro edificio usado principalmente por los profesores y un último casetón que era de un solo piso donde se encontraba la cafetería y la sede de Pangaea. Pangaea era la asociación que organizaba todas las quedadas de erasmus en la ciudad, así como actividades para hacer en diferentes días y cuyo principal objetivo era que los nuevos erasmus se conociesen. Parecía que toda la ciudad estaba hecha para nosotros. Todo eran centros universitarios; residencias, campus o sitios donde salían los universitarios, era como una Salamanca en medio de Bruselas, con muchas más bicicletas y cerveza a espuertas. Tras ver el campus y preparar el horario para las siguientes semanas, decidimos ir Lucía, Andrés y yo a buscar una bici de alquiler. Nos habían recomendado un sitio a las afueras de la ciudad donde, al parecer, todos los erasmus compraban o alquilaban sus bicis al llegar y, aunque estaba un poco lejos, nos habían asegurado que ese sitio era el mejor (seguramente porque era más barato y eso siempre es prioridad cuando estás estudiando).

Total, que allí estábamos los tres, dispuestos a tener en propiedad una bici para los siguientes cuatro meses. Tanto Lucía como yo decidimos alquilarla, pero Andrés, que ya le habían dejado una bici en su residencia, decidió esperarse y comprarla más adelante (él y Martín se quedarían un año de erasmus en vez de seis meses y, por tanto, era más sencillo para ellos comprarla y luego venderla que alquilarla tanto tiempo). Nuestra vuelta a la residencia fue rocambolesca, por no decir otra palabra: nos perdimos varias veces por el camino y, como en esos momentos tampoco se nos daba muy bien usar Google Maps mientras pedaleábamos, tardamos varias horas en volver. Eso sí, nos reímos muchísimo y ese día caímos rendidos de puro agotamiento.

Las siguientes semanas pasaron de forma rapidísima entre fiestas con gente que no conocíamos de nada, tardes de juegos en la residencia de Martín y Andrés (por primera vez en mi vida aprendería a jugar al *Catán*), y clases en inglés con trabajos muy extensos (sí, sé que se cree que en Erasmus no se hace nada, pero en mi caso fue uno de los trimestres que más tuve que estudiar de la carrera). Aún tenía que mantener la nota media de la beca y no era tarea fácil allí, ya que mi nota de 8 en España era un 17-18 sobre 20 en Lovaina y por lo que me dijeron, además de lo que yo más tarde comprobé, casi ningún profesor ponía esas notas a los estudiantes. Una vez más tenía que esforzarme al máximo por sacar buena nota sin dejar de perderme las experiencias de Erasmus, que serían inolvidables. Por otro lado, no tardé mucho en apuntarme al gimnasio de la facultad y empezar una nueva etapa de exigencia con el deporte y la comida que pronto dispararía mi TCA a niveles que nunca había conocido, pero no nos adelantemos. La verdad es que la oferta de deportes para hacer en la ciudad era increíble. Había muchísimas clases gratuitas entre semana a las que podíamos ir libremente (más de una vez acabé yendo a clases de baile con Lucía y Sofía) y también tenían un gimnasio bastante amplio al que podías acudir pagando una pequeña cuota mensual. En cuanto me hice con el sistema y el gimnasio, prácticamente iba todos los días. Ya no solo iba en bici o andando a todos lados a diario, también entrenaba pesas, corría en el gimnasio o por la ciudad y a veces doblaba entrenamientos yendo a las clases de baile o a alguna otra cosa que nos apeteciese probar. De hecho, recuerdo perfectamente un día en el que mi voz del TCA estaba en todo su esplendor.

Era un viernes y esa noche íbamos a salir de fiesta. Yo había pasado el día estudiando en la universidad, yendo de aquí para allá con la bici, pero sabía que esa noche íbamos a beber y eso significaba un extra de calorías con las que no quería contar al día siguiente: tenía que entrenar. Por eso, decidí ponerme la ropa del gimnasio e irme a «quemar» todo lo que iba a beber esa noche. Al principio me costaba, como casi todos los días que me forzaba a entrenar cuando no tenía muchas ganas, pero luego lo cogía con gusto y entre la música y la motivación que sentía por «estar haciéndolo bien» ya no había quien me parase. Ese día, recuerdo estar en la cinta de correr y llevar unos cinco kilómetros de carrera, que más o menos sería una media hora en la cinta, además de las pesas que había hecho anteriormente. Para alguien normal, eso hubiese sido un entrenamiento bastante intenso, pero, para mí, ese era mi día a día. Mi voz del TCA subía el volumen y me decía:

«Olga, ¿por qué no corres cinco kilómetros más? Así llegarás a los diez kilómetros y habrás corrido durante una hora. Eso son muchísimas calorías que necesitas quemar». Mi TCA hablaba con tal confianza en sí misma y tal poder sobre mí que me desarmaba casi al instante.

«Ya, es verdad, quizá podría correr un poco más», pensaba yo.

«Sí, recuerda que todo lo que hagas hoy, lo notarás mañana, dale caña», repetía mi voz del TCA en mi cabeza.

Y así es como seguí corriendo y aumenté el ritmo de la cinta. Subí el volumen de los cascos para motivarme y me abstraje del mundo. Cuando tenía ganas de parar, me miraba al ventanal que había frente a mí y sobre el que se reflejaba mi figura mientras corría. Lo que más me motivaba era poder ver mi cuerpo mientras entrenaba y ver lo que iba consiguiendo con esa constancia y disciplina de hierro. Es verdad que a menudo encontraba algún «pero» que motivase mi afán por seguir perdiendo peso, y ese «pero» la mayor parte de las veces eran mis piernas.

Supongo que todo el mundo tiene sus propios complejos y creo que es normal hasta cierto punto. Es decir, todos tenemos unas partes que nos gustan más de nosotros y otras que nos gustan menos; somos humanos y eso hace que seamos inconformistas por excelencia. En mi caso, mis piernas siempre han sido mi punto débil, creo, en parte, porque era lo que más me diferenciaba de las chicas que estaban delgadas y del tipo de cuerpo que quería conseguir. Mi cintura es más bien estrecha y siempre me ha gustado porque da figura a mi cuerpo, y la parte de mis brazos y pecho ha sido algo que más o menos me ha gustado o, al menos, en lo que no me fijaba tanto. Sin embargo, las piernas, y sobre todo los muslos, eran lo que hacía que yo quisiese bajar y bajar de peso. La moda de entonces y los cánones de belleza autoimpuestos también contribuían a esa locura y fijación constantes por esa parte de mi cuerpo. La obsesión por tener un hueco en la parte superior de las piernas de las chicas era algo increíble y, de hecho, había vídeos en internet que iban enfocados única y exclusivamente a eso. Desde vídeos con ejercicios para bajar grasa de esa parte de las piernas hasta dietas específicas para conseguir esa estética. Por supuesto, yo había probado de todo, pero no conseguía tener ese hueco a pesar de que siguiese bajando de peso, y en ningún momento se me ocurrió pensar que quizá mi cuerpo no estaba hecho para esa figura, o quizá nadie incentivó ese pensamiento porque todo lo que te vendían era: «Sí que puedes conseguirlo, si tienes la suficiente constancia para ello».

Mi cinta de correr marcaba ya los 9,8 km y me quedaba poco para acabar. Recuerdo pensar: «Eres increíble, Olga», «¿Ves cómo puedes con todo?», y ese pensamiento se quedaba ahí guardado para que, en algún otro momento, mi voz del TCA lo sacase a relucir y me motivase a seguir. Después de una hora corriendo, mirando a una pared y chorreando de sudor, llegué a los diez kilómetros y por fin pude parar. Me sentía eufórica y espléndida, esa sensación era solo mía y nadie podía arrebatármela. El deporte seguía siendo mi droga, y, aunque era una forma de tortura, era una tortura que yo misma disfrutaba.

Los días en Lovaina pasaban a marchas forzadas, había tanta gente nueva y tantas cosas emocionantes por hacer que el tiempo parecía volar mientras estábamos allí. Yo seguía sin tener atracones y con el deporte que hacía la verdad es que me encontraba muy bien o, mejor dicho, mi voz del TCA estaba calmadita y feliz, cumpliendo su propósito. La relación con Lucía y Sofía también era increíble. Además de varias salidas en bici para recorrer rincones de la ciudad ocultos, solíamos ir a la compra juntas para ayudarnos a meter las bolsas en las cestas de la bici y vigilar por el camino que no se le caía nada a nadie mientras pedaleábamos. También solíamos comer y cenar juntas muchos días, y si no era en nuestra residencia, íbamos a la residencia de Andrés y Martín a cenar con ellos. La «chupipandi» estaba al completo y, de vez en cuando, también incluíamos a nuevas personas en el grupo y organizábamos quedadas con otros erasmus. Yo aún no había conocido a nadie especial (con especial me refiero a algún chico que me hiciese tilín), pero estaba muy a gusto con mi nueva sensación de libertad e independencia. Tenía claro que no quería echarme novio en el Erasmus por varios motivos: en primer lugar, yo pensaba que al Erasmus se iba a disfrutar y pasárselo bien, y tener novio te quitaba esa libertad de poder hacer lo que quisieses cuando quisieses (o eso pensaba yo). En segundo lugar, no conocía a nadie que hubiese encontrado a su pareja en un Erasmus y hubiese durado, no solo por lo jóvenes que éramos, sino también porque era una situación excepcional en un momento excepcional y luego cada uno, al acabar el Erasmus, tendría que volver a su casa. Por último, esa necesidad mía de tratar de aparentar ser fuerte y ese muro inquebrantable para que nada ni nadie me hiciesen daño seguía ahí, más fuerte y robusto que nunca. De hecho, esta conversación la debatimos un par de veces en la «chupipandi», y los que estábamos solteros argumentábamos con mil y una razones el porqué era mejor estar solo y no buscar pareja en esas circunstancias. Sin embargo, con el paso de los años he comprobado que las cosas a las que más te aferras son las que después salen volando y te pegan un «zasca, te lo dije» monumental. Y, definitivamente, eso fue lo que pasó.

Un sábado cualquiera de una noche de nuestro Erasmus salimos de fiesta «La chupipandi» al completo y nos unimos en un bar con otros erasmus y dos amigos de Sofía que pasaban unos días por allí, y con quienes decidimos encontrarnos para tomar algo antes de salir. Como cada noche que salíamos, la cerveza iba y venía constantemente, además de las risas que estaban aseguradas y los gritos de los españoles, que, claramente, eran los que más se oían en todo el bar. A medida que subía el alcohol, también subía nuestra euforia, pero del mismo modo caía en picado nuestra vergüenza (las fotos que acompañaban esa noche son para enmarcar, como os podréis imaginar).

Llegado un punto de la noche, nos dividimos en dos grupos: el grupo que se iba a otra discoteca y que ya quemaba la noche hasta la madrugada, y el grupo que decidimos quedarnos en el bar a tomar unas copas más y que después nos iríamos a la residencia. A pesar de lo que podréis imaginar por mi pasado, queridos lectores, esta vez fui responsable y me quedé en el grupo de la gente que quería aprovechar la mañana o, al menos, no pasársela pegada a la cama con una resaca del quince. El caso es que tanto Andrés como yo decidimos quedarnos en el bar con un par de chicas más del grupo nuevo al que acabábamos de conocer.

Aquí hago un inciso para contaros que yo siempre he sido una chica muy perspicaz, es decir, era rara la vez que algo me sorprendía porque siempre he tendido a fijarme mucho en las cosas. Generalmente, suelo anticiparme a los eventos y me es muy fácil leer las intenciones de las personas, así como las mías propias. Creo que siempre he tenido muchísima conciencia de mí misma, y precisamente eso fue algo que mi voz del TCA usó contra mí, ya que me torturaba haciéndome pensar que, siendo yo tan capaz y consciente de todo, era increíble que pudiese llegar a situaciones en las que perdía el control de mí misma. Lo que pasa es que en esas situaciones yo no era yo, era esa doble versión de mi vida que se llamaba TCA.

Tras este inciso y volviendo a esa noche de un sábado cualquiera, fluíamos con el paso de las horas y con la situación porque en realidad nada era diferente, pero, a pesar de eso, algo había cambiado muy sutilmente dentro de mí. Llegada la hora de irnos a casa, Andrés y yo nos fuimos juntos, ya que nuestras residencias estaban pegadas la una a la otra y el paseo hasta allí era más bien corto. Básicamente, recorrer el centro de la ciudad te llevaba máximo unos veinte minutos a pie de un extremo a otro. Mientras charlábamos y caminábamos empecé a notar que me ponía nerviosa a medida que nos acercábamos a la residencia. No entendía bien por qué, ya que Andrés era un chico que me caía fenomenal, pero con quien no me había planteado tener nada, simplemente éramos amigos y ya está. Aun así, mi cuerpo me decía lo contrario y notaba que esa comodidad que sentía cuando estaba con él, además del hecho de reírnos tanto juntos, hacía que le tuviese un cariño especial. Cuando llegamos a su puerta de la residencia, que era la primera que encontrábamos en la calle, se hizo un silencio incómodo. Siempre he pensado que los silencios dicen mucho más que las palabras, y ese silencio incómodo, en ese preciso momento, decía que algo extraño se cocía en el ambiente. Ninguno de los dos queríamos despedirnos, pero tampoco sabíamos cómo seguir porque ya éramos amigos. Tras unos segundos parados, resolvimos rápido la situación y nos despedimos fugazmente con dos besos hasta el día siguiente. Pareció que todo acabó como de costumbre, pero creo que ambos supimos esa noche que algo entre nosotros estaba cambiando y que, aunque fuese fugaz, queríamos que pasase algo.

Un punto de no retorno

Los días siguientes pasaron como de costumbre, entre clases de universidad, carreras por el campus y quedadas con la «chupipandi». Las siguientes semanas iban a ser muy movidas porque venían a visitarme dos de mis mejores amigos a Lovaina. Queríamos aprovechar el hecho de que todos los trenes eran baratísimos desde Bruselas y, básicamente, podías moverte de Bruselas a cualquier ciudad de Europa en tiempo récord. Yo estaba emocionadísima. No solo por los planes que íbamos a hacer, sino también porque me apetecía muchísimo enseñar esa nueva parte de mí a mis amigos, presentarles a la «chupipandi» y con ella a Andrés. Si alguien me conocía bien como para decirme: «Olga, qué narices haces», esos eran Dani y Lara, y quería contarles cómo me sentía para que me diesen su opinión. Dani y Lara eran amigos míos desde el instituto. Con Lara el flechazo fue instantáneo, empezamos a ser amigas prácticamente desde el primer día de clase. Con Dani, sin embargo, se fue forjando la amistad con el paso del tiempo, pero después de unos años también acabamos siendo uña y carne y seguimos siéndolo hoy en día. Sin embargo, esa emoción que sentía por contarles todo, por vivir nuevas experiencias y por seguir viendo a Andrés para ver qué pasaba con nuestra historia, pronto se vio empañada por una nueva recaída. Cada recaída que tenía era como la ola de un tsunami que arrastra todo a su paso; donde la primera es intensa, sí, pero las siguientes vienen cargadas incluso con más fuerza. Y por mucho que mi nueva y emocionante vida me despistara…, sí, había vuelto a suceder.

Una de las tardes en las que había vuelto a la residencia más temprano de las clases, me encontré en nuestro piso sin la necesidad de hacer nada. Para mí tener la tarde vacía era algo remotamente extraño porque siempre tenía el día lleno de cosas por hacer y, si no, lo llenaba con eventos o tareas. Siempre encontraba algo que me distrajese, como, por ejemplo, hacer deporte. El caso es que ese día no tenía nada planeado y estaba sola en casa. Tenía pensado ir a hacer deporte más tarde y aún quedaban un par de horas para que llegase ese momento, por lo que tenía que llenar el tiempo que quedaba con algo. Lo primero que hice fue ponerme a preparar la comida, como muchos otros días al venir de la universidad. En la nevera no tenía gran cosa, pero sí que había comprado hacía unos días unas tortitas tipo *wrap* (integrales, por supuesto), un bote de remolacha encurtida y algo de queso y pavo. Serviría para una comida rápida. También decidí coger el ordenador portátil y bajármelo a la cocina para poder ver alguna serie mientras comía. Este comportamiento ya anticipaba la tragedia que llegaría momentos después, pero en ese instante yo creía que el TCA ya estaba superado y que esas semanas que había estado en Lovaina me habían cambiado por completo.

Mientras veía la serie me dispuse a comer con bastante velocidad. No solo porque tenía hambre, sino también porque al estar pendiente del ordenador y tener la comida preparada ese era mi momento de desconexión. Una vez me terminé los *wraps*, ese pensamiento que solía tener durante los atracones volvió con muchísima fuerza:

«Tienes hambre, tómate otro poco más».

«No, Olga, no comas más, ya has comido dos y eso son unas trescientas cincuenta kilocalorías si cuentas el queso y todo lo que le has puesto». Mi voz del TCA contraatacaba, haciéndome sentir mal por tener hambre.

«Bueno, solo come uno más, así te quitas el hambre y después paras». Mi voz sana intentaba ayudarme. Aunque yo en ese momento, y durante muchos años, pensaba que esa era la voz mala, la voz que me llevaba a los atracones y a la que no tenía que escuchar, en realidad era la cordura dentro del caos que tenía en mi mente, era quien sabía lo que estaba pasando. Esa voz sabía que yo necesitaba comer porque hacía varios meses que estaba en déficit calórico y no parecía que esa situación fuese a acabar en un futuro cercano. Era esa parte de mi cuerpo que me decía: «Olga, tienes que comer o va a llegar un punto en el que yo no voy a poder seguirte el ritmo», pero yo en ese momento me negaba a escucharla.

A pesar de mi lucha interna constante, sí que tenía hambre y el hecho de estar relajada viendo una serie me hacía sentir bien, así que me levanté y me preparé otro *wrap*. El problema de los atracones es que una vez sucumbes a esa voz que te dice «come», ya no puedes parar y antes de que te des cuenta te has comido todo lo que había en la nevera y estás sentada en la silla enfrente de tu ordenador con una sensación de agobio y desesperación tremenda. Como ya imaginaréis, eso fue precisamente lo que pasó.

Tras ese tercer *wrap* vino un cuarto y un quinto. Tras acabar el paquete y no quedarme nada más, pasé a los vasos de leche hasta que acabé los dos cartones que me quedaban en la nevera. Después de los vasos de leche pasé a las tostadas, que no tenían nada más que pan porque no había mucho más en la nevera, pero tampoco me importaba, yo solo quería comer y no podía parar. Tras acabar todo lo que tenía a mano y aun quedándome un par de tostadas más del pack familiar que habíamos comprado, paré. Paré, sí, pero no por voluntad propia, sino porque el estómago me dolía muchísimo. Había comido tanto en tan poco tiempo que creía que iba a vomitar. Tenía tal incomodidad en la tripa que solo pude subir las escaleras de nuestro piso y tumbarme en la cama de lado para intentar digerir todo lo que acababa de ingerir. Sin embargo, lo peor de toda esa situación no era eso, lo peor era la voz del TCA que en esos momentos estaba furiosa, muy furiosa. Me culpaba por lo mucho que había comido. Me decía que era una glotona y me regañaba por lo que acababa de hacer. Todo mi progreso de los últimos meses se iba a ver empañado por esa tarde porque un atracón así era muchísima comida, y eso significaba coger kilos que no quería coger. Mi desesperación era absoluta. Solo quería que esa sensación se fuese, que pudiese rebobinar como en las películas y volver a una hora antes, que todo ese disgusto se borrase y mi incomodidad desapareciese; pero eso no iba a pasar.

Como seguramente sabréis, lectores, cuando estás en las peores situaciones de tu vida, solo buscas sobrevivir. Si algo te duele o te está haciendo daño, tu instinto te dice que encuentres una solución rápida y eficaz para acabar con ese dolor. Nuestro cuerpo es muy valioso porque siempre trata de defendernos y aliviar cualquier tipo de mal que pueda hacernos daño, y eso es lo único que mi mente y mi cuerpo me decían en ese momento. Con todas las emociones a flor de piel y la necesidad de querer parar ese sentimiento de culpa extrema, una idea fugaz me pasó por la mente. Una idea que, aunque parecía una locura, era una solución a todo lo que me estaba pasando y que cambiaría completamente el desarrollo de mi TCA: vomitar.

He de decir que nunca me ha gustado vomitar, es decir, no

creo que sea algo que nadie disfrute, pero, en mi caso, solo había vomitado un par de veces en mi vida, cuando estaba muy muy enferma o muy muy borracha y vomitar para mí significaba: fin de la partida. A pesar de eso estaba desesperada, y esa idea, aunque no me gustaba ni lo más mínimo, parecía una solución que de otra forma no encontraba. Con mi mente ya decidida a hacerlo, bajé las escaleras del piso y entré en el baño. Me aseguré de cerrar bien la puerta de la entrada con llave y la del baño; sabía que si Sofía llegaba llamaría a la puerta, así podría recomponerme y abrirla en caso de que me pillase in fraganti. Nunca me había provocado el vómito y, por tanto, no sabía cómo hacerlo, pero entendía que, si te metías los dedos en la boca y te producías arcadas, finalmente llegaría. Sé que esto puede resultar muy desagradable y, por eso, no voy a dar muchos más detalles del proceso, pero, aunque pueda parecer fácil, vomitar es muy difícil porque tu cuerpo no está hecho para eso, no es una respuesta natural, y por ello intenta prevenirla. Aun así, lo intenté todo lo que pude. Miré artículos en internet para ver si me daban alguna pista sobre cómo hacerlo de forma fácil, y (gracias a Dios) no encontré mucho. Solo te decían que, si estabas en una situación así, buscases ayuda; pero yo no quería ayuda, yo quería una solución rápida y mi solución era esa. Tras más de veinte minutos intentándolo y casi sin conseguir nada, decidí parar. Me levanté y me limpié la cara y la boca. Me lavé los dientes y me miré al espejo. Estaba roja y tenía la cara hinchada, muy hinchada. Al haber estado boca abajo tanto tiempo me había subido la sangre de todo el cuerpo a la cabeza, y eso dejaba una estampa nada agradable frente al espejo. Me miré y solo pude llorar. No solo no había conseguido mi propósito, también seguía sintiendo la culpa del atracón y me veía horrible. Además, sabía lo que había hecho y sabía que el haber intentado vomitar suponía un punto de inflexión en mi TCA. En vez de mejorar, parecía que todo acababa de empeorar, y este atracón abría la puerta a muchos otros más porque, si había podido hacerlo en Lovaina, significaba que mi plan de cambiar de ciudad no había funcionado y eso suponía otro zasca contra la realidad.

Rompiendo mi muro

Los días siguientes no fueron nada fáciles. Tenía que recuperar todo lo que había perdido durante el atracón y, además, encontrar la motivación para seguir adelante y disfrutar de mi Erasmus, algo que todo el mundo ansiaba y que a mí en ese momento solo me daba miedo. Mis amigos aterrizaban ese mismo día. Yo tenía que fingir que no había pasado nada y, no solo eso, también parecer alegre porque no quería que nadie notase que algo estaba pasando. Por otro lado, la confianza en mí misma y mi autoestima habían caído en picado, sabía que el atracón causaría estragos en mi cuerpo y, aunque no fuese así, mi voz del TCA no dejaba de recordarme que en ese momento estaba horrible y que tenía que perder el peso que podía haber cogido. Por si todo esto fuese poco, también iba a ver a Andrés porque habíamos quedado esa noche para cenar todos juntos y presentar a la «chupipandi» a Dani y Lara. Con la baja autoestima que tenía esos días, el proceso de vestirme e intentar verme guapa fue prácticamente misión imposible.

Unas horas más tarde, Lara y Dani estaban allí y, a pesar de lo que podía imaginarme, tener a dos personas tan importantes para mí conmigo en esos momentos era un soplo de aire fresco. Aunque no sabían nada de todo lo que yo vivía con el TCA, sí que me conocían a la perfección y eso significaba que no tenía que esforzarme con ellos, simplemente podía ser yo misma y disfrutar de su compañía, y así fue. La noche resultó ser muy agradable. Yo ya lo sabía, pero tanto la «chupipandi» como ellos se cayeron muy bien, por lo que disfrutamos de una cena tranquila y divertida. La situación con Andrés era normal, como de costumbre, especialmente porque al estar con más gente los dos actuábamos como si nada estuviese pasando, o eso intentábamos aparentar. Mientras nuestros amigos hablaban, de vez en cuando cruzábamos las miradas de forma fugaz para volver a hacer como si nada. Quizá nos sentábamos más juntos que de costumbre o nos tirábamos alguna que otra pulla para ver cómo reaccionaba el otro y ver si seguía o no el juego. Vamos, lo que todos conocemos como un tonteo en toda regla, en el que nadie quiere que se note nada, pero en el fondo se intuye perfectamente.

Los días siguientes los pasamos viajando y descubriendo Bélgica juntos. Para rematar los viajes de esos días y antes de que mis amigos volviesen a España, nuestro último destino fue

Brujas, la ciudad de cuento de hadas que dicen que es de las más bonitas de Europa y que, sinceramente, he de corroborar, porque es bonita no, lo siguiente. Fuimos todos juntos en pandilla a pasar el día y lo disfrutamos como chiquillos. Hacía un tiempo otoñal fantástico. Con sol, pero refrescando bien entrada la tarde y con un cielo completamente despejado. Estábamos rodeados de casitas tipo Hansel y Gretel llenas de colores y vida, canales interminables y muchísimo verde; parecía, de verdad, un cuento. Mientras caminábamos por la ciudad recuerdo que cogí a Dani y a Lara del brazo y los eché para atrás, con lo que dejé espacio suficiente entre el resto de la «chupipandi» y nosotros para poder hablar en confianza.

—Chicos, os tengo que contar una cosa —dije yo, riéndome mientras tanto.

Los dos se pararon y me miraron fijamente. Cuando un amigo dice algo así, sabes que pueden pasar dos cosas: uno, que está en algún problema, o dos, que ha pasado algo digno de mencionar. Aunque en mi caso vivía ambas situaciones, tiré por la segunda y les conté lo que estaba empezando a sentir por Andrés.

—Creo que me gusta Andrés —dije con firmeza.

—¿Andrés, Andrés? —preguntó Dani un poco incrédulo.

—Sí, Andrés, ese Andrés —respondí, señalando hacia delante, donde estaba el resto de la «chupipandi», sin que se notase demasiado.

—¿Y eso? —preguntó Lara con curiosidad.

—No sé, la verdad es que no es algo que me hubiese planteado cuando le vi, pero hemos pasado mucho tiempo juntos y la verdad es que me lo paso muy bien con él, además de que podemos hablar de todo.

—Oye, pues si a ti te gusta, eso es lo importante —respondió Dani. Él siempre ha sido contundente y muy racional, típico Dani.

—Ya, no sé, pienso que sí, pero aún no ha pasado nada. El otro día creo que nos quedamos los dos con las ganas, pero no lo veo del todo claro. ¿Creéis que le puedo gustar?

—Pufff, no sé, Olga, yo por lo menos no me he fijado lo suficiente, pero sí que es verdad que es muy majo contigo —dijo Lara.

—Yo tampoco he notado nada, pero a partir de ahora podemos fijarnos y ver si notamos algo diferente, aunque también nos lo podías haber dicho antes, tonta —bromeó Dani.

—Ya, sí, es que tampoco tengo nada claro, ya veremos a ver qué pasa. Bueno, vamos para allá, que si no van a sospechar que tramamos algo. —El plan estaba en marcha.

Tras esa conversación hubo unas cuantas miradas de sospecha, alguna que otra pullita gratuita y varias conversaciones entre amigos intentando descifrar un futuro que aún no se había dado; pero, como todo, los finales llegan y, tras unos días increíbles, Dani y Lara regresaron a España y yo volví a mi día a día, aunque con un poco más de ilusión.

La siguiente noche que salimos todos juntos, las intenciones estaban bastante claras por ambas partes. Andrés y yo habíamos estado yendo al gimnasio juntos y a menudo hablábamos a través de Facebook de tonterías y de cómo iba nuestro día. Ya se intuía entre nosotros que algo pasaba y que, aunque fuese un poco, sí que nos gustábamos. También estaba ese gusanillo en la tripa cada vez que íbamos a vernos y que me recordaba que debía tener la situación bajo control. La emoción de no saber si de verdad iba a pasar algo o no siempre me mantenía alerta. Esa noche fue similar a otras anteriores, salimos todos en pandilla y echamos la noche entre bares y alguna que otra discoteca, pero a la hora de irnos a casa ya nada fue igual. Como ambos teníamos claro que queríamos estar a solas, cuando uno de los dos dijo que se iba a casa, el otro no tardó en decir que también estaba cansado, así teníamos la excusa perfecta y podíamos volver juntos sin que nadie sospechase demasiado. Sinceramente, y pensándolo ahora, no sé por qué siempre intentamos ocultar esos primeros momentos al conocer a alguien, aunque en verdad creo que quizá lo hacemos porque le da más morbillo a la situación. Esta vez, Andrés me acompañó a mi residencia con la excusa de que así daba un paseo un poco más largo. Los dos sabíamos que no era una excusa muy buena, pero asentimos sabiendo lo que estaba por llegar. Cuando llegamos al portón que anunciaba mi residencia, nos paramos y volvió el incómodo silencio de la última vez, solo que en esta ocasión era mucho más fácil resolverlo. Andrés se adelantó sin darme tiempo a pensar demasiado y dio el paso que acabaría con un beso y después con otro más largo, una tímida despedida y unas mejillas rosadas de camino a mi habitación.

Podría decir que después de esa noche todo sucedió bastante más rápido, pero la verdad es que, con mi muro aún impenetrable y mi coraza intacta, era bastante difícil conseguir que me mostrase sensible y que accediese a quedar cuando Andrés me lo proponía. Aún tenía claro que no quería nada serio porque no era el momento ni la situación adecuada y aunque me apetecía seguir viéndole, también seguía haciéndome la fuerte y mostrando que podía estar sola, que nada podía retenerme si yo no quería y que yo tenía el control. Control que precisamente no tenía con la comida y al que intentaba aferrarme como si de un salvavidas se tratase. Dichoso control.

Ya empezaba a hacer frío en Lovaina, era noviembre y, casi sin creerlo, habían pasado tres meses desde que estábamos allí. La universidad iba bastante bien, los trabajos estaban entregados a tiempo y pronto tendría que empezar a prepararme para los exámenes de enero. Contaba con tiempo de sobra y eso me relajaba en cierto modo. Por otro lado, Andrés y yo seguíamos viéndonos, a veces con la «chupipandi» y a veces solos los dos, pero cada vez se harían más frecuentes las noches en las que me quedaba a dormir en su residencia. Ya teníamos una pequeña rutina creada y, aunque ninguno de los dos quería decir nada, tanto mi muro como el suyo comenzaban a caer. Mi vida parecía una película estadounidense de la guerra fría. Por un lado, el bando americano, representado por mi parte más emocional y sociable, una Olga que se divertía saliendo con sus amigos de fiesta, que compartía momentos personales con Andrés y que parecía tener todo en orden. Por otro lado, el bando soviético, representado por el TCA y esa voz que no dejaba de atormentarme. Una Olga que cuando llegaba a casa y estaba sola, no paraba de tener atracones y sufrir por lo infeliz que era en un cuerpo que nunca acababa de gustarle; una Olga caótica, que no quería aferrarse a nada ni a nadie, ni mucho menos mostrar sus emociones. Una Olga con miedo porque no veía ninguna salida a todo lo que estaba ocurriendo y, aun así, tenía que luchar contra la otra cara de la guerra para intentar aparentar que todo iba bien. Mientras esa guerra continuaba, los meses pasaban y con ellos la llegada de la Navidad.

Unos días más tarde, cogía el vuelo camino a París que partía desde Bruselas. Estaba emocionadísima porque iba a reencontrarme con mi hermana, a la que no veía hacía varios meses, e íbamos a pasar un fin de semana juntas en la capital del amor. Ya había estado en París anteriormente, pero la verdad es que no me acordaba casi de la ciudad. La había visto de pequeña con mis padres en un viaje que hicimos a Disneyland Paris y, obviamente, de lo que más me acordaba era del parque de atracciones, no de la ciudad. Tenía ganas de redescubrir París, de ver de nuevo el Louvre y el Museo de Orsay, el cual albergaba muchísimos cuadros famosos de mis pintores favoritos: los impresionistas. También quería pasear por la ciudad, descubrir cada rincón de Montmartre y, por supuesto, subir a la torre Eiffel. Todos estos sueños e ilusiones de viaje me acompañaban al aeropuerto y, con ellos, también venían los pensamientos de preocupación por mi TCA y por cómo se iba a comportar mi cuerpo mientras estuviésemos de viaje. Esperaba que al controlar suficientemente las cantidades y no permitiéndome demasiada comida fuera de lo que consideraba como «sano», todo estuviese tranquilo. Lamentablemente, esa tranquilidad no iba a durar demasiado.

Cuando llegué al aeropuerto lo primero que hice fue pasar por el control de policía y entrar en el hall, donde los pasajeros esperan a que los llamen para embarcar en su vuelo. Era una sala inmensa llena de bares, restaurantes y tiendas destinados a mantener a la gente entretenida. A mí aún me quedaba una hora hasta coger el avión y una media hora hasta que abriese mi embarque, así que decidí ir a una cafetería, pedirme un café y un sándwich y esperar a que nos llamasen por megafonía. Tras tomarme el sándwich se repetía el mismo proceso de siempre: el hecho de no tener nada que hacer y la necesidad de entretenerme con algo, sumado a que tenía hambre, porque siempre tenía hambre, hicieron que después de ese sándwich me apeteciese algo más. Como nadie me conocía y entraba dentro de lo razonable querer un dulce después del sándwich, fui a la barra a pedirme un dónut de chocolate, que me tomé en menos de un minuto. Tras comerme el dónut seguía queriendo algo más, pero esta vez sí que me daba miedo que alguien notase que ya me había comido un sándwich y un dónut y que aún quería comer más, por eso decidí levantarme e irme a otra cafetería del hall a pedirme un bocata. Además de eso y viendo que íbamos a embarcar en breve, también me acerqué al *duty free* del aeropuerto y me compré una bolsa de Lacasitos de chocolate. Sabía que la ansiedad no iba a parar hasta que estuviese físicamente llena, y no podía quedarme sin comida en el avión porque eso

solo iba a empeorar la situación, así que con todo lo que acababa de comprar y sabiendo que iba a estar todo el vuelo dándome un atracón, me subí al avión. Esta sería la primera vez que
tendría un atracón en un aeropuerto, y a esta la seguirían muchas más, lo que me creó un miedo repentino y que nunca había
tenido: viajar sola en avión.

A pesar del atracón, nuestro viaje a París fue maravilloso
dentro de las circunstancias. Digo «a pesar del atracón» porque
a lo largo de todos los años que pasé por el TCA viví momentos increíbles y creé momentos más inolvidables aún, pero estos siempre se verían empañados por los recuerdos del TCA.
Recuerdos de algún atracón, recuerdos de sufrir por mi físico o
de preocuparme por la comida o el deporte que hacía. Y aunque yo aún no lo sabía, todavía tardaría más de cinco años en
tener recuerdos que ya no tuviesen nada que ver con el TCA.

2
EL PRINCIPIO DE UN LARGO FINAL

2016
UN VAIVÉN DE EMOCIONES

Tras las vacaciones de Navidad, volvíamos a Lovaina con una sensación agridulce. Aún nos quedaba un mes de Erasmus tanto a Sofía como a Lucía y a mí, y podíamos disfrutar de él y de la ciudad lo máximo posible mientras estudiábamos para los exámenes finales. Sin embargo, Andrés y Martín se quedaban un semestre más, y eso significaba que tarde o temprano tendríamos que enfrentarnos a la decisión de qué íbamos a hacer con lo nuestro, fuese lo que fuese. En Navidad habíamos mantenido el contacto y, generalmente, pasábamos horas y horas hablando por teléfono contándonos todo lo que iba sucediendo en nuestro día a día. Al final éramos chiquillos ilusionados que queríamos disfrutar de la vida, pero sabíamos que no íbamos a olvidar en un instante todo lo que había pasado en Lovaina.

Ese último mes fue muy intenso. Entre los exámenes, las

últimas escapadas por la ciudad y las noches de fiesta que aún queríamos aprovechar, no parábamos. Andrés y yo solíamos quedar para estudiar en su residencia, y a menudo acabábamos durmiendo juntos porque muchas de las noches aprovechábamos la madrugada para avanzar de cara a los exámenes (o al menos eso es lo que intentábamos hacer). Prácticamente vivíamos en su residencia, solo que de vez en cuando yo pasaba por la mía para cambiarme, coger las cosas para ir al gimnasio o a la universidad y vuelta a empezar. Toda esa rutina y los momentos que seguíamos compartiendo hicieron mucho más difícil el momento de la despedida.

Era mediados de febrero y Sofía ya había vuelto a España en un vuelo unos días antes. Lucía y yo cogíamos el vuelo ese mismo día y aún teníamos que despedirnos de Martín y Andrés antes de coger el tren que nos llevaba al aeropuerto de Bruselas. Lucía se adelantó con Martín y nos dejó un poco de espacio a Andrés y a mí para que pudiésemos hablar antes de marchar.

—Bueno, pues hasta aquí la aventura del Erasmus. Se ha pasado demasiado rápido —comenté yo sin saber muy bien qué decir (la verdad es que nunca se me han dado bien las despedidas).

—Totalmente, parece que fue ayer cuando llegamos y fuimos a Ikea —respondió Andrés.

—Sí, ojalá pudiésemos quedarnos hasta junio, me da mucha pena volverme.

—No te preocupes, si te apetece, siempre puedes volver estos meses —dijo Andrés en un tono de risa. Acababa de dejar caer la posibilidad de mantener el contacto tras el Erasmus y aunque era algo que habíamos hablado un par de veces, ninguno sabíamos con certeza qué iba a pasar después. No nos habíamos comprometido a nada y sabíamos que íbamos a estar seis meses a distancia antes de que Andrés volviese a Madrid, por lo que las posibilidades de que la cosa fuese hacia delante eran bastante remotas.

—Sí, también. Aún no sé cómo estaré con la universidad y los estudios, pero lo vamos hablando —respondí yo un poco escueta.

—Me parece bien —dijo él.

Sin mucho más que decir, porque ninguno de los dos queríamos aventurarnos a averiguar qué iba a pasar, nos despedimos con un beso y nos dijimos adiós.

La vuelta a España llegaba cargada de emociones. Cerrar la etapa del Erasmus me daba mucha pena, pero también suponía un nuevo comienzo, y con ello la posibilidad nuevamente de que mi TCA volviese a desaparecer con el cambio de aires. Esta vez todo iba a ser distinto, pensaba yo, y aunque muchas cosas iban a cambiar, de momento nada iba a mejorar. Cuando llegué a Madrid volví a la residencia con mi hermana y el resto de las chicas. Aún me quedaba un semestre para acabar mi tercer año de carrera y tenía que enfocarme única y exclusivamente en la universidad porque tenía que subir la nota media para compensar las notas más bajas que había obtenido en el Erasmus. Mientras tanto, Andrés y yo íbamos manteniendo el contacto vía WhatsApp y prácticamente hablábamos cada día contándonos nuestra vida, aunque la mía se resumía simplemente en tres cosas: universidad, ir al *gym* y estudiar. A pesar del nuevo cambio de aires y la vuelta a España, los atracones no se habían ido y, como se habían convertido en algo habitual, tenía que incrementar mi rutina de deporte para compensarlos. El objetivo de compensarlos era única y exclusivamente evitar coger peso y verme mal, cosa que era casi imposible porque al pesarme después de los atracones siempre había cogido uno, dos o incluso tres kilos que después tenía que bajar lo más rápido posible. Si antes era de lo más habitual que entrenase una hora al día, ahora había días que doblaba las sesiones, es decir, entrenaba dos veces al día y eso, sumado a la carga de estudio que tenía habitualmente, me dejaba agotada (no era para menos).

Una de las veces que decidí entrenar dos veces en un día, me asusté bastante. Era sábado y los sábados, al no tener universidad, tenía mucho más tiempo para dedicarlo al deporte, por lo que se me ocurrió que podría ser una buena idea ir a correr por la mañana y después ir a una clase de *bikram yoga* que llevaba tiempo queriendo probar. Básicamente, y para que me entendáis, lectores, el *bikram yoga* es una modalidad del yoga en la que repites una secuencia de movimientos durante una hora y media en una sala de calor a cuarenta grados con una humedad elevada (lo sé, yo tampoco entiendo por qué la gente se mete en estas cosas tan gratuitamente), por lo que es bastante intensa y peligrosa si no se hace con cabeza (como me pasó a mí). El caso es que, tras correr unos seis kilómetros, me fui directa al centro de *bikram yoga*, me cambié y me compré una botella de agua para llevarla a la sala porque había leído que era aconsejable al ser una sesión larga donde se sudaba bastante. Nunca había practicado el *bikram* ni sabía a lo que iba; mi único afán era poder quemar muchísimas calorías gracias a todo lo que se sudaba por el calor de la sala. Como ya venía bastante cansada de la carrera y seguramente deshidratada, la clase no empezó del todo bien. Me costaba respirar y la humedad era tal que parecía que estaba en un baño de vapor más que en una clase de yoga. Pasada más o menos la hora de práctica, la botella de agua estaba caliente y no apetecía nada beberla. Yo seguía sudando, además estaba muy cansada por el ejercicio de antes y empezaba a agobiarme por el hecho de no poder respirar debido a la humedad. Los profesores decían que, si tenías que salir, que lo hicieses, pero yo era tan perfeccionista que no quería admitir que no había podido acabar la clase, así que decidí sentarme unos segundos e intentar calmar la ansiedad, pero lo pasé francamente mal. Al final acabé la clase y cuando salí estaba pálida. Hacía mucho tiempo que no me encontraba así (seguramente por la mezcla del cansancio, el sudor y la deshidratación) —recordemos que en esos momentos tampoco comía demasiado, fuera de los atracones, porque intentaba perder peso, así que era un cóctel molotov—. Sabía que había llevado mi cuerpo al límite y tenía que bajar la intensidad, pero eso iba a ser más difícil de lo que parecía porque mi mente del TCA seguía torturándome constantemente.

Los meses fueron pasando y con ellos se presentaba un nuevo reto. Las cosas con Andrés iban avanzando poco a poco, pero cada paso que dábamos hacia delante parecía que también dábamos dos hacia atrás. Esto no lo entendí hasta mucho tiempo después, pero, aunque yo creía que el TCA no tenía nada que ver con mi dificultad por tener una pareja estable, cada vez era más evidente que sí complicaba mucho mi situación y que sería algo que arrastraría hasta el final del TCA. Mi inestabilidad emocional era constante. Había días en los que estaba radiante de energía y felicidad porque estaba entrenando, comiendo sano y estudiando; pero, por el contrario, había otros días en los que solo quería estar metida en la cama, comer y desaparecer del mundo, y esto se reflejaba cada vez más en mi relación con Andrés y con el resto de mi familia. Era muy habitual que estuviese cabreada con el mundo, pero sobre todo mostraba ese enfado con mi familia más cercana, ya que era con quienes me podía expresar libremente. A menudo estaba cabreada con mi madre y con mi hermana y las trataba bastante mal. Cada vez que iba a su casa, me cabreaba absolutamente todo. Cualquier comentario. La comida que hiciesen. Los planes que me propusiesen. Todo me angustiaba porque era profundamente infeliz, y esa infelicidad solo podía expresarla en forma de cabreo hacia ellas. Con Andrés me pasaba algo similar, solo que, como me gustaba, en vez de abrirme y comentarle cómo me sentía me encerraba en mí misma e intentaba ocultar esos momentos en los que me encontraba peor. Nuestras conversaciones solían ser bastante enigmáticas porque cada vez que había un atisbo de sentimientos o emociones por cualquiera de los dos, se derribaba instantáneamente con una charla por mi parte sobre independencia y el hecho de no querer ponerle nombre a la situación que vivíamos. De nuevo, intentaba controlar el hecho de que, si me abría a alguien, esa persona acabaría haciéndome daño y eso sería el fin, porque, definitivamente, no podría recomponerme de un TCA y una ruptura emocional.

De hecho, hay una carta personal que escribí en su día y que, aunque con algún matiz por respeto a Andrés, quiero enseñaros para que podáis ver cómo ni yo misma sabía entender la situación o las emociones que vivía.

18 de abril de 2016

Hola, Andrés:

Sé que quizá esta no es la carta que querrías recibir, pero ahora mismo creo que es el mejor camino a seguir. Lo primero, darte las gracias porque sé que de verdad lo has intentado y has hecho todo lo posible para que esto saliese adelante, pero para mí es imposible. Creo que es algo que me supera y en algún momento, con ayuda, imagino que podré establecerme en una relación y vivir el amor. No sé si es que ahora lo veo todo muy negro, pero llevo todo el día dándome excusas e intentando encontrar la causa a todos mis pensamientos y creo que en realidad es que no sé estar en pareja o cualquier tipo de relación que conlleve un punto emocional. Quizá es que soy suicida y me gusta sufrir, porque sé que lo voy a pasar mal y seguramente me arrepienta, pero me cuesta ver un futuro. No creo que esté hecha para esto y menos a distancia. Me afecta mucho porque si ya es duro para una persona nor mal, como ya sabes, con mis bipolaridades, es un esfuerzo realmente agotador convencerme de que valdrá la pena sabiendo que quizá esté mejor sola, como siempre.

Entiendo que esto es cosa de dos y quiero que tú también me des tu opinión, que me digas qué piensas y qué quieres hacer.

Espero que puedas perdonarme.

Un beso,

Olga

A pesar de lo que puede parecer por esta carta y de creer que la historia con Andrés habría terminado después de esto, no fue así, ni mucho menos.

Yo sabía que estaba hecha un lío y que, en realidad, no quería acabar con la relación. Simplemente, mi miedo hablaba por mí e intentaba alejarme de todo. Creo que Andrés no sabía cómo gestionar la situación porque, seguramente, no entendía por qué unos días antes había estado perfectamente y unos días después le había mandado una carta por correo electrónico diciéndole que se olvidase de todo. Ahora entiendo por qué los hombres dicen que las mujeres estamos como cabras, y la verdad es que, en cierto modo, no se lo podemos negar. Esa noche hablamos por WhatsApp para intentar aclarar en qué punto nos había dejado esa carta, pero tampoco podíamos sacar mucho en claro, dado que yo no podía contarle de repente todo lo que me pasaba más allá de nuestra relación. Lo bueno es que esa carta coincidía con un viaje a España que Andrés ya tenía planeado, así que decidimos que lo mejor sería esperar a que él llegase para hablarlo en persona.

La visita de Andrés fue bastante exprés, pero sirvió para un propósito: darme cuenta de que no tenía mucho sentido todo lo que le había escrito en esa carta y hacerme ver que quería darle otra oportunidad a nuestra casi relación. De hecho, un mes después de esa visita, Andrés me pediría salir oficialmente como pareja y, por sorprendente que pueda parecer, acepté.

Un trabajo nuevo

Junio estaba a la vuelta de la esquina y prácticamente había acabado mi tercer año de universidad. Eso significaba que al año siguiente tendría que empezar a hacer las prácticas para el primer doble grado de la carrera (como yo estudiaba dos dobles grados a la vez, tendría que hacer dos prácticas diferentes con sus correspondientes horas entre cuarto y quinto de carrera). Aún no tenía ni idea de dónde quería hacer las prácticas ni lo que quería hacer, pero, sin buscarlo, pronto se presentó una oportunidad que no pude rechazar.

Una de mis profesoras de universidad nos había dicho que tenía un contacto de un exalumno suyo que buscaba a personas de prácticas para trabajar en una empresa relacionada con el deporte y que quizá nos podía interesar. Por supuesto, al oír que se trataba de algo relacionado con el deporte, fui la primera en enviarle mi currículum y empezar el proceso de selección. Tuve una primera entrevista con el contacto de recursos humanos que fue bastante bien; posteriormente, una segunda entrevista grupal y, una vez superada esa, una última entrevista con el CEO de la empresa en España. Seguramente les impresionó el entusiasmo que le ponía al hecho de hacer deporte y lo involucrada que estaba con el tema, así que decidieron cogerme y me aprobaron la solicitud para comenzar las prácticas ese mismo verano.

La noche antes de mi primer día de trabajo la recuerdo perfectamente (y lo que pasó al día siguiente también).

Esa noche era de las últimas noches que pasaba en la residencia. Habíamos decidido no seguir allí el año siguiente, ya que sería más cómodo poder estar en un piso que nos permitiese entrar y salir cuando lo necesitásemos. Mi hermana había hablado con una amiga suya que también buscaba un piso de alquiler en Madrid, y pensamos que sería una buena opción mudarnos juntas para abaratar costes. Dejábamos la residencia y poco a poco íbamos creciendo y madurando al mismo tiempo (o eso creíamos). Mi hermana no estaba en la habitación ese día, había pasado el fin de semana con mi madre y se quedaba un día más porque al siguiente no tenía universidad hasta por la tarde. Eso significaba que yo estaba sola y, como ya os podréis imaginar, estar sola solo significaba una cosa: atracón.

Había llegado el punto en el que ya no distinguía cuál de mis dos voces (la sana o la del TCA) me incitaba a comer de forma tan descontrolada, pero sí sabía que cada vez me apetecía más hacerlo y, por tanto, la culpa posteriormente era mucho peor. Los atracones habían dejado de ser algo que me pasaba sin que yo lo controlase a ser algo que muchas veces hacía conscientemente y que, además, disfrutaba; por eso el sentimiento de culpabilidad después era abrumador. También empezaba a costarme cada vez más recomponerme después de los atracones y recuperar las ganas de entrenar porque el bajón emocional era enorme. Durante los atracones, que a veces duraban días, no hacía nada de deporte, solo me quedaba tumbada en la cama comiendo sin parar. Pasaba del negro al blanco y de nuevo al negro en un ciclo que no parecía tener fin. Iba a la universidad si no podía saltármela y después volvía a la residencia para darme otro atracón. Al no hacer deporte, tampoco compensaba esos atracones, y cuando acababa la racha por fin, había que enfrentarse a la situación en la que me encontraba. Tenía que volver a empezar desde el principio porque en una semana de atracones había cogido todo el peso perdido en meses, pero sabía que eso no duraría porque tendría otro atracón y vuelta a empezar. A veces era tal el agotamiento que, de verdad, me costaba horrores levantarme por la mañana y hacer frente al día. Y esa noche a la que me estoy refiriendo —la previa a comenzar mis prácticas— y el día siguiente fueron exactamente así.

Me levanté a las siete y media de la mañana después de dormir unas cinco horas a trompicones. En dos horas tenía que estar en la oficina porque empezaba a trabajar y era mi primer día en la nueva empresa. Sinceramente, quería encerrarme en mi cuarto, bajar las persianas de nuevo y olvidarme del mundo. Estaba agotada y deprimida. Me veía horrible y tenía la tripa hinchada de todo lo que había comido la noche anterior, pero tenía que ir a trabajar. Recuerdo llamar a mi madre para decirle que me dolía la tripa y que me encontraba mal, y preguntarle qué podía hacer. Yo sabía que no asistir al primer día de trabajo iba a quedar fatal y, aunque pudiese justificarlo después de alguna forma, no me hacía empezar con buen pie. Aun así, intentaba buscar el consuelo de mi familia para que me hiciesen sentir un poco mejor y me dijesen que no pasaba nada por faltar; la verdad es que no tenía ninguna gana de salir de la cama. Mi madre me dijo lo que yo temía escuchar, que tenía que ir al menos a hacer acto de presencia y, si después me encontraba muy mal, entonces podía explicárselo e ir al médico. Yo ya sabía que no iba a ir al médico, obviamente, porque entendía perfectamente lo que me pasaba y sabía que ese malestar físico pasaría en un día o dos, así que me di una ducha, me puse la ropa y me fui directa a trabajar.

Empezar un nuevo trabajo y tener ganas de progresar en él eran cosas buenas, pero también malas, especialmente para el TCA. Por un lado, me daba una nueva motivación más allá de la universidad, me encantaba el trabajo y lo disfrutaba muchísimo, además de que rápidamente fui mejorando y creciendo, y eso me motivaba. Sin embargo, y contrario a lo que pasaba con la universidad, que sí podía saltármela de vez en cuando, en el trabajo tenía días de baja limitados y, por tanto, no me valía la excusa de estar mala constantemente, tenía que poner las cosas en orden e intentar dejar los atracones de lado si quería mantenerlo. Por otra parte, trabajar cada día suponía un cambio de rutina y una presión adicional a todo mi sistema de organización milimétrico. Para hacerlo más sencillo, os voy a enseñar lo

130

que sería un día a día en mi vida como universitaria en prácticas y así, queridos lectores, podréis sacar vuestras propias conclusiones:

7.00 a. m. – Hora de despertarse y aseo personal.

7.30 a. m. – Desayunar y vestirse.

8.00 a. m. – Salir de casa camino del metro.

8.25 a. m. – Llegar al intercambiador de Moncloa para coger el autobús que me llevaba a la universidad (estaba a las afueras de Madrid).

9.00 a. m. – Llegada a la universidad y comienzo de clases.

1.00 p. m. – Última clase y hora de la comida (a veces comía en la universidad si tenía tiempo y otras en el autobús de camino al trabajo).

1.30 p. m. – Autobús de vuelta a Madrid.

2.00 p. m. – Transbordo y coger el metro hasta el trabajo.

2.30 p. m. – Entrada al trabajo.

7.30 p. m. – Salida del trabajo.

8.00 p. m. – Llegada al gimnasio.

9.00 p. m. – Salida del gimnasio y vuelta a casa.

9.30 p. m. – Ducha y preparar la cena.

10 p. m. – Cena y momento de descanso.

11 p. m. – A dormir.

Como ya os podréis imaginar, básicamente no había tiempo ni para respirar, y encima de todo este esquema planificado al detalle tenía que encontrar tiempo para estudiar los exámenes, preparar los trabajos de la universidad y tener algo de vida social (cosa que era francamente muy complicada). Esta planificación también hacía que casi no quedase tiempo para los atracones. El problema era que, en el punto en el que estaba, los atracones siempre encontraban su forma de aparecer derribando mis esquemas por completo y haciendo pagar por ellos a los días siguientes (ya que intentaba avanzar todo el trabajo que había atrasado durante los atracones). En resumidas cuentas, el TCA era un círculo vicioso que se retroalimentaba solo. Cuanto más metida estaba en la espiral, más me atrapaba hacia dentro.

Ese verano fue especialmente duro para mí. De hecho, fue, sin duda, uno de los peores veranos que pasé con el TCA. Andrés había vuelto de su Erasmus y ahora vivía en Madrid, por lo que nos era mucho más fácil vernos. Él vivía en un piso que a veces compartía con su abuela, pero que la mayor parte del tiempo estaba vacío. Muchas tardes me invitaba a ir a su casa a cenar y dormir allí, y a medida que pasábamos tiempo juntos yo me iba haciendo mi propio hueco personal en su armario. Creo que el hecho de tener confianza para ir trasladando tus cosas al armario de otra persona significa que el tema va bien. También puede ser que te dé tanta pereza llevarte cada día la ropa a otra casa que acabes por hacerlo por comodidad propia. Sea cual sea tu caso, es un buen paso. Entre nosotros la situación iba bastante bien después de todos los altibajos que habíamos tenido, pero pronto empezaría a darme cuenta de que mis relaciones fallidas seguían un patrón bastante claro y, por sorprendente o no que eso fuese, esta no iba a ser menos. Antes de pasar a esa historia, prosigo para explicaros por qué ese verano fue una auténtica mierda; solo había una explicación para ello: había cogido muchísimo peso.

Con la frecuencia casi diaria de los atracones y las pocas ganas de retomar mi rutina, cada vez era más evidente de cara a la galería que algo estaba pasando. Esta vez nadie había comentado nada al respecto, pero me bastaba y me sobraba para saberlo por mí misma. No solo tenía calor constantemente, sino que también me agobiaba con frecuencia y me encontraba muy cansada todo el día. Una tarde, mientras me daba una ducha en casa de Andrés, me dio el bajón por completo. Su cuarto de baño era bastante amplio y la ducha estaba integrada en la esquina derecha de este. Enfrente de la ducha se encontraba el lavabo y encima de este, el espejo, por lo que mientras uno se duchaba, podía ver su reflejo de lado. Esa tarde, mientras me duchaba también miraba mi cuerpo (como cada día), pero cada vez odiaba más lo que veía. Me veía peor que nunca y también me encontraba peor que nunca. Al haber cogido peso mis muslos se rozaban constantemente, y con el calor y el sudor del verano me provocaban rozaduras en la parte interna que escocían muchísimo. Era la primera vez que me pasaba algo así y, además de ser incómodo, eso era un recordatorio más que me decía lo que mi voz del TCA no paraba de repetir: «Estás horrible, has engordado». Por si fuera poco, me daba miedo que ese cambio se notase demasiado, y sabía que tanto mi familia como Andrés intuían que la alimentación que llevaba no era la mejor. Mirándolo desde su perspectiva, no tenía sentido: si comía tan sano como comía cuando estaba con ellos y hacía tantísimo deporte, era imposible que cogiese peso y, por tanto, las matemáticas no cuadraban. Seguramente intuían más bien poco de todo lo que hacía a escondidas, y jamás se podrían imaginar que prácticamente yo tenía una vida paralela cuando estaba sola en casa. Un *alter ego* que estaba triste y amargado, que solo quería comer para aliviar la tristeza que sentía y alimentar su desesperación.

Los meses de julio y agosto fueron los peores. Como acababa de empezar a trabajar y tenía que cumplir las horas de prácticas, casi no tenía vacaciones. Eso significaba que iba a quedarme todo el verano en Madrid, muchas veces sola y teniéndome que enfrentar al hecho de vestirme para ir al trabajo. Como hacía tanto calor, me despertaba ya sudando y tenía que encender el ventilador de pie para que me diese un poco de aire mientras me maquillaba. Cuando llegaba la hora de vestirse, comenzaba el dilema. Había muchísima ropa que ya no me valía y renegaba de comprarme ropa nueva porque yo quería entrar en mi ropa antigua. Pensaba que, al no comprarme ropa nueva, eso me motivaría a bajar de peso para poder vestirme y, sin embargo, eso solo alimentaba cada vez más mi voz del TCA. De la poca ropa que me valía, mucha de ella la descartaba porque enseñaba demasiado. La mayoría eran faldas o vestidos para el verano con los que me veía francamente mal, pero muchos días no me quedaba otra opción porque era lo único que podía ponerme. Además de la lucha constante en mi cabeza cada vez que me enfrentaba al espejo, seguía haciéndome fotos para verificar el progreso que hacía con mi físico; y, en ese caso, el progreso era nulo porque mostraba una subida de peso que no paraba de crecer. Mirándolo con el tiempo y desde la perspectiva de una Olga ya recuperada, no entiendo cómo podía machacarme tanto mentalmente. Era mi peor enemigo diariamente, y lo peor de todo era que no hacía nada para alejarme de él. Sabía que mi voz del TCA era tóxica, pero como cualquier relación tóxica había algo que simplemente me atraía a seguir escuchándola y a seguir estando dominada bajo sus reglas, a pesar de lo cruel que pudiese parecer.

El amor es frágil

Mientras el verano y los atracones hacían sus estragos en mi salud mental, también lo hacían en mi relación con Andrés. La relación parecía avanzar (desde un punto de vista objetivo). Es decir, visto desde fuera parecía que todo iba bien, pero desde dentro era como el Titanic, un barco que había chocado con un iceberg y que se iría hundiendo muy pero que muy poco a poco.

El iceberg contra el que había chocado era mi aparente conformismo. De cara a la superficie hacía notar que nada me afectaba, me conformaba con todo y daba las gracias por cada pequeña muestra de amor que se me daba, aunque esa muestra de amor fuese lo mínimo para una relación. Sin embargo, internamente y por debajo de lo que se suele ver en un iceberg, estaban todos mis miedos y mi muro de hielo intactos, y eso precisamente era contra lo que había chocado nuestro barco. A pesar de todo lo que mostraba de cara a la galería y de lo fría que pudiese parecer, seguía siendo una romántica empedernida. En el fondo yo sabía que quería el cuento de hadas. Quería a una persona a mi lado que pudiese darme todo el amor que me faltaba, que me regalase flores de vez en cuando y me llevase a sitios bonitos a cenar. Una persona con la que pudiese verme reflejada e imaginar un futuro juntos, y aunque en ese momento aún no lo había admitido, sabía que Andrés no era esa persona.

Me explico. Andrés y yo llevábamos vidas completamente opuestas la mayoría de las veces. Él estaba muy ligado a sus amigos y, por tanto, como cualquier chiquillo de veinticinco años, seguía saliendo de fiesta a menudo y disfrutando de las noches con ellos. Además de eso, disfrutaba trabajando o estudiando por la noche y le gustaba quedarse hasta altas horas de la madrugada jugando con el ordenador, mientras que, como vosotros ya sabéis, por todo lo que habéis leído hasta ahora, a mí me gustaba aprovechar el día y eso implicaba levantarme pronto. Por otro lado, la alimentación de Andrés no era lo más ideal, por decirlo de alguna forma. Solía hacerse cosas rápidas, como carne, pasta, fajitas y demás, y le costaba incluir alimentos que para mí eran esenciales en mi día a día: ensaladas, verdura o pescado. A pesar de que esa alimentación en otro punto de mi vida sería algo a favor de mi recuperación, en ese momento para mí era otra piedra en el camino porque tenía que planificar las comidas que iba a hacer cuando estuviésemos juntos, y muchas veces encargarme de ir a comprar para asegurarme de que teníamos cosas que yo pudiese comer en su casa. Aun así, estas situaciones no fueron lo que hizo que nuestra relación se fuese a pique, igual que todas las anteriores. Lo que hizo que se fuera a pique fue una simple cosa que yo no entendería hasta muchos años después: la comunicación.

A menudo, solíamos reírnos del hecho de que Andrés y yo nunca discutíamos. Discutir para nosotros era algo impensable y, como bien he comprendido años después, eso ya hacía entrever que algo no acababa de encajar. Seguramente os estaréis preguntando, lectores, por qué pienso que las parejas tienen que discutir para que vayan bien, y como este libro no es un libro normal, quiero que reflexionéis conmigo un momento sobre las relaciones y por qué muchas de ellas fallan. Creo que la clave de una buena relación es, sin duda, la comunicación. Es prácticamente imposible que encontréis a una persona con la que estéis de acuerdo en absolutamente todo. Podéis encontrar una persona con la que estéis de acuerdo en lo fundamental de la vida (y espero que la encontréis, porque esto también es necesario). Pero en el día a día, en algún momento, vais a tener opiniones diferentes a las de vuestra pareja, por muy iguales que seáis o por muy bien que os llevéis. Si hay una buena comunicación, esa diversidad de opiniones la gestionaréis más bien rápido, porque podréis expresar vuestras propias reflexiones y llegar a un punto en común sin que la que situación vaya a más. Por supuesto, este intercambio de opiniones no tiene por qué acabar en lanzamientos de zapatillas, gritos o cosas peores (y, por vuestro bien, lectores, espero que no llegue a eso), pero sí que es normal que de vez en cuando discutáis sobre esas opiniones y después os arregléis, y eso, a mi modo de ver las cosas, es algo muy normal e incluso sano en la convivencia de una pareja. Hecha esta reflexión, ahora podréis comprender cómo nuestra historia se iría hundiendo con el paso del tiempo.

En mi caso con Andrés, esa diversidad de opiniones nunca llegó porque yo nunca expresaba nada de lo que sentía. Cada vez que notaba algo que me molestaba, en vez de expresarlo y hablarlo como adultos, o casi adultos que éramos, lo callaba y lo guardaba en el fondo de ese iceberg. Pensaba que hacer como que nada me importaba y que todo iba bien era necesario para que la relación siguiese adelante. Es decir, nuestra comunicación era unidireccional y eso solo hacía que se fuese acumulando lastre. Seguramente, y otra parte fundamental del problema, era mi rechazo a mí misma y la poca autoestima que tenía, lo cual hacía que intentase encontrar ese amor que me faltaba en otra persona y, obviamente, esa persona no podía dármelo. Así fue como poco a poco todo ese lastre fue tirando del barco hasta el fondo del mar.

Una idea (doblemente) disparatada

Prácticamente, a finales del año 2016 mi vida había vuelto a caer en una espiral que no veía salida. La relación con Andrés no iba del todo bien, los atracones seguían atormentando mi día a día con frecuencia, la motivación para seguir adelante o recuperarme cada vez era menor y parecía que la universidad y el trabajo eran lo único que me mantenían a flote, ya que por lo menos hacían que tuviese un esquema diario que seguir para mantener una cierta rutina. La verdad es que creo que en esa época es cuando empecé a dar señales de una ligera depresión, que por supuesto ni yo ni mi familia intuíamos aún. Para mantenerme a flote, tenía únicamente dos salidas: volver a terapia (cosa que no contemplaba de nuevo porque ya había trabajado todo lo que yo creía que tenía que trabajar con una psicóloga anteriormente) o encontrar algo que me motivase lo suficiente para darme fuerzas los meses siguientes. La terapia con la psicóloga había acabado antes de irme al Erasmus por motivos obvios de distancia. Ella me había ayudado a hacer las paces con la situación familiar que había vivido en el pasado y, de hecho, mi relación con mi padre empezaba a mejorar; por eso creía que ya no la necesitaba. Por supuesto, en vez de plantearme ver a otro profesional, no se me ocurrió otra cosa mejor que tirar por la segunda opción, y como era una persona de blancos o negros, pensé que la mejor forma de motivarme era hacer una locura que ya había hecho anteriormente y que quizá esta vez podía dar mejores resultados: correr otro maratón.

Recuerdo el momento en el que se lo conté a mi familia. Pensaban que estaba loca, y no era para menos. Ahora ya sabían lo que significaba correr un maratón y toda la preparación que eso suponía. Sabían lo mucho que tuve que entrenar para el primero y que esta vez sería igual. Aun así, y como siempre han hecho, me apoyaron en la decisión y me dijeron que, si era lo que quería hacer, adelante. Así que con toda esa nueva energía y con las ganas de volver a coger una rutina con el deporte, me inscribí en el maratón de París para abril de 2017.

Pensaba que esta vez podría hacer el maratón en mucho menos tiempo y que, como ya sabía cómo tenía que prepararme y entrenar, sería más fácil poder perder peso de cara a la carrera. Sin embargo y aunque solo habían pasado dos años desde el anterior maratón, algo había cambiado radicalmente: el TCA. Después de llevar en ese momento tres años con el TCA, este se había hecho muchísimo más fuerte en todos los sentidos: las recaídas eran más constantes porque seguía restringiendo comida, pero, al mismo tiempo, cada vez tenía menos ganas de volver a la rutina los días después de los atracones. Cada vez se me hacía más difícil sacar fuerzas para volver a empezar el ciclo y motivarme a perder el peso que iba cogiendo, porque sabía que habría otro atracón y que recuperaría todo lo que había perdido. Esto también hacía que los atracones cada vez fuesen más largos, y en vez de durar uno o dos días, a veces tuviese rachas de hasta siete días seguidos con atracones con su consiguiente malestar físico y mental. Estaba agotada. Física y mentalmente. Y eso precisamente fue lo que hizo que los entrenamientos para el maratón no fuesen como yo esperaba.

Los primeros meses fueron bastante bien porque tenía la motivación del inicio y las tiradas (o carreras) aún eran cortas. Los entrenamientos consistían en carreras de unos cinco a diez kilómetros máximo entre dos y tres días por semana, siendo uno de ellos la tirada larga de la semana (como en el entrenamiento del primer maratón). Sin embargo, a medida que los meses avanzaban, las tiradas iban siendo más largas llegando a hacer dieciséis, veinte, veinticinco o incluso treinta y dos kilómetros en un solo día. Claramente, si hay una cosa que necesites para completar esos entrenamientos es fuerza de voluntad y constancia, y eso era algo que escaseaba bastante en mi día a día, sobre todo después de estar varios días con atracones. A menudo me saltaba carreras porque no tenía ganas de salir de la cama, algunos entrenamientos los modificaba para hacerlos más cortos y, obviamente, la alimentación no era adecuada para una persona que hacía tanto deporte (o me cuidaba demasiado y me faltaba comer más o tenía atracones de comida muy poco nutritiva que no me daba nada de energía para entrenar). Unos meses antes de la carrera, yo ya sabía que iba a tenerlo muy difícil para acabar el maratón porque no estaba cumpliendo con los entrenamientos y no estaba bien preparada y, de hecho, recuerdo que un día hablé de esto con mi hermana y le comenté las dudas que estaba teniendo:

—Lau, no sé muy bien qué hacer con el maratón.

—¿A qué te refieres? —respondió mi hermana.

—Pues que no sé qué hacer. Si seguir o no seguir porque no estoy motivada del todo y los entrenamientos me dan muchísima pereza.

—Bueno, Olga, eso es algo que tienes que decidir por ti misma, pero, si no te apetece correrlo, no hace falta que lo corras.

—Sí, lo sé, pero tengo pagado el dorsal y todo, y la idea era que fuésemos las tres juntas y ya pasásemos el fin de semana en París. —Con las tres me refería a mi madre, a mi hermana y a mí.

—A ver, a nosotras nos hace ilusión acompañarte y de paso disfrutar de unos días en París, pero la que vas a correr el maratón eres tú y, si no te apetece, tampoco tienes que forzarte a hacerlo.

—Ya…, bueno, lo iré pensando estos días a ver qué decido, gracias, Lau —concluí yo.

Aunque muchas veces pensé que debía haber hecho caso a mi hermana en ese momento y haber cancelado el maratón, mi mente perfeccionista y la culpa que me entraba al pensar que no podía conseguirlo me empujaron a seguir adelante, y, cuando quise darme cuenta, ya no había vuelta atrás.

2017
Caída en picado

Un mes antes del maratón

La tensión se empezaba a notar. Mi cabeza me decía que no iba a poder acabar la carrera y la verdad es que era lo más seguro, con todos los entrenamientos que me había saltado. El viaje estaba preparado, los billetes comprados y mi familia empezaba a animarme de cara al maratón. Los ánimos que recibía a medida que se acercaba el día eran inversamente proporcionales a la motivación que yo tenía. Cuanto más tiempo pasaba, más me convencía mi voz del TCA de que no iba a salir bien. En realidad, más que la falta de entrenamiento y más que el peso que tenía en ese momento, mi cabeza me había dado la espalda y eso, precisamente en un maratón, era lo peor que me podía pasar.

Ese mes coincidía también con una etapa de cambios en el

trabajo. Acababa de terminar las prácticas de la universidad y me habían ofrecido una posición permanente en la empresa donde trabajaba, con un poco más de sueldo (aunque no mucho) y un contrato de seis horas de trabajo. En un principio me habían propuesto hacer las ocho horas, pero como aún me quedaba un año y medio de universidad era imposible hacer frente a una jornada completa sin perderme las clases y, además, tener tiempo para estudiar. Hacer seis horas era lo máximo que me podía permitir, y como ya habréis visto anteriormente, lectores, encajar todas las cosas que tenía que hacer en un día a día normal ya era una hazaña increíble. Por otro lado, el iceberg contra el que habíamos chocado Andrés y yo hacía unos meses, estaba a punto de hacer un «tocado y hundido».

Una mañana de marzo de ese mismo año, me levanté teniendo claro que no podía seguir así. La montaña de cosas que no había dicho, y que no encajaban con mi estilo de vida y lo que para mí era importante en una pareja, se había hecho tan grande que ya no había forma de recolocarla por ningún lado. En vez de estar feliz en pareja, cada vez estaba más triste y hundida, y en esos momentos, con todo lo que llevaba encima, solo veía una salida: necesitaba un tiempo.

—¿Mañana cómo nos organizamos? —preguntó Andrés por nuestro chat de WhatsApp.

—¿Sobre qué hora quieres venir? —respondí yo.

—Por mí cuanto antes. Me dijiste que llegabas a las ocho, ¿no?

—Mmm, vale, sí, creo que sí —contesté yo.

—Mmm, ¿vale?

Se hizo el silencio durante unos minutos. Ambos estábamos en línea, pero no me atrevía a lanzar la bomba antes de tiempo y menos por WhatsApp, a pesar de que sabía que Andrés se olía algo.

—¿Podemos quedar antes? ¿Voy yo a tu casa? —le pregunté a los cinco minutos.

—¿Qué ocurre? —respondió Andrés. Como me imaginaba, ya sabía que algo no iba bien. Entre la frialdad de los mensajes y lo ausente que había estado las semanas anteriores, él solo tenía que atar cabos.

—No es nada, ¿a qué hora puedes quedar?

—Olga, me asustas, ¿qué pasa?

—Hablamos luego, ahora mismo estoy en el trabajo, pero si quieres quedamos sobre las 6.30 p. m. en tu casa. —Sabía que no iba a ser suficiente con eso así que añadí—: Simplemente es para comentarte cómo estoy.

—No tiene nada de pinta de «simplemente» —respondió él, zanjando la conversación.

A pesar de todo lo que había aún por decir, ambos nos desconectamos y esperamos a que pasasen las horas para poder hablar cara a cara.

Ya sabéis que no soy una chica de despedidas y, aunque no sea algo fácil para ninguna de las dos personas involucradas, creo que muchas veces quien rompe la relación es quien más difícil lo tiene. Me explico. Cuando decides dejar a una persona es porque tienes claro (o deberías tener claro) que ahí hay algo que falla y que no se puede reconducir. Generalmente, es algo que llevas pensando un tiempo y eso es lo que te ayuda a dar el paso y tomar la decisión. Sin embargo, en cualquier relación seria y, sobre todo, cuanto más tiempo has pasado con una persona, más recuerdos bonitos te afloran que hacen que te olvides de todo lo que te molestaba de la situación y de las verdaderas razones por las que lo quieres dejar. Además de esas emociones, tienes que enfrentarte al hecho de que eres tú quien ha dado el paso y que puedes llegar a arrepentirte en el futuro de tu decisión, y esa duda es lo que más te atormenta de todo, especialmente los primeros meses después de acabar una relación. Efectivamente, esa era mi situación. Creía que lo tenía bastante claro, pero al mismo tiempo no podía parar de preguntarme si estaba haciendo lo correcto o no, y fue precisamente esa pequeña duda la que hizo que, en vez de un corte sano y preciso, nuestra relación se convirtiese en una carnicería que parecería no tener fin. Una situación que finalmente nos acabaría haciendo mucho más daño.

A pesar de que sabía que no tenía que hablar a Andrés tras haberlo dejado, seguimos manteniendo el contacto. Él me había dicho que quería recuperarme y que haría todo lo posible para conseguirlo. Yo en ese momento necesitaba tiempo y él lo sabía, pero aun así dejaba la puerta abierta a la posibilidad de que, en un futuro, nuestros caminos volviesen a encontrarse.

Bonjour, París

Era viernes por la mañana y acabábamos de aterrizar en París, la Ciudad del Amor. Yo no estaba para mucho amor, más bien lo contrario, pero quería intentar disfrutar lo máximo posible de los días que teníamos por delante. Una vez nos acomodamos en el Airbnb que habíamos reservado, nos fuimos directas a la feria donde me iban a dar el dorsal para la carrera y la bolsa del corredor. Cuando llegamos allí, el espacio era inmenso, mucho más grande que el que había visto en Madrid dos años antes. Había muchísimas personas y todas ellas emocionadas por la carrera que estaba por llegar. A la entrada buscamos mi nombre en una pared en la que estaban todos los nombres de las personas inscritas al maratón. Era la primera vez que veía algo así y me pareció precioso poder encontrar mi nombre ahí, en medio de tantas personas que, como yo, iban a ser unos valientes y se iban a enfrentar a una carrera de nada más y nada menos que cuarenta y dos kilómetros.

Mi motivación no estaba en su momento más boyante, me miraba al espejo y me veía «enorme». Pongo enorme entre comillas porque eso era lo que pensaba antes sobre mi cuerpo y lo que más me aterraba de todo, pero como más adelante comprendería, no solo había desarrollado un TCA, sino que, con el paso de los años, también había desarrollado dismorfia corporal y, por tanto, pensaba que tenía un cuerpo mucho más grande que el que tenía en realidad. Además, mi voz del TCA estaba muy enfadada y no paraba de recordarme lo mal que había llegado al maratón (físicamente), y que al final era una fracasada porque no había podido perder peso, a pesar de que para ese maratón tenía ese objetivo precisamente. Intentando hacer acopio de fuerzas, me fui decidida a por el dorsal, cogí la bolsa del corredor y me prometí a mí misma hacer lo que pudiese. Había llegado hasta ahí y eso ya era un logro. Ese sábado lo pasamos visitando la ciudad, recorriendo sus preciosos canales y dando una vuelta por sus calles parisinas. Intentamos no caminar mucho y nos fuimos a la cama más bien pronto, ya que yo tendría que levantarme a las 5.30 a. m. para desayunar antes de la carrera. Dos años después de mi primer maratón, repetíamos la misma operación.

9 de abril de 2017

Las 5.30 de la mañana. París estaba a oscuras y casi no se podía ver nada a través de la ventana. Aún no había amanecido y solo había unas cuantas farolas encendidas con luz tenue enfrente de nuestra calle. Estaba cansada y tenía sueño, pero sabía que tenía que comer antes de ir al maratón. Me preparé un desayuno similar al primer maratón: unas tostadas con huevo, un yogur y unos copos de avena junto con un buen café con leche, eso siempre.

Empecé a vestirme, a pesar de que aún quedaban dos horas para tener que salir, y me quedé medio dormida en el sofá del Airbnb con la ropa ya puesta. Unas horas más tarde estábamos en los Campos Elíseos, y yo, junto con otros tantos miles de corredores, estábamos preparados para salir a correr por una ciudad que empezaba a ponerse en marcha. Primer pistoletazo de salida (dirigido a los corredores de élite). Segundo pistoletazo de salida. Listos para empezar.

Los primeros kilómetros los hice relativamente bien. La mayor parte del recorrido era por asfalto, algo que yo ya sabía, pero además de eso había tramos que pasábamos por un empedrado a medida que nos acercábamos al centro, y eso ejercía más presión sobre los pies y, por tanto, sobre las rodillas. Cerca del kilómetro quince ya empezaba a notar los primeros signos de cansancio muscular y, como me temía, sabía que ese maratón no iba a ser como el primero. Pasamos el Louvre y recorrimos los canales principales de la ciudad a medida que nos adentrábamos en un túnel que nos llevaría al parque de Bois de Boulogne y de ahí a la recta final de llegada a la meta. Dentro del túnel llevábamos unos veinticinco kilómetros recorridos y yo ya sentía las piernas y las rodillas doloridas, algo que en el primer maratón no había sentido hasta pasado el kilómetro treinta y dos. Luchaba con todas mis fuerzas por seguir adelante e intentaba recordarme que podía con eso y más, pero ese día mi mente no me ayudaba como la vez anterior y en vez de decirme que podía seguir, solo me decía: «Para un poco, estás agotada». Antes de salir del túnel, paré. Empecé a caminar rápido para no bajar completamente el ritmo, pero para mí parar suponía ya en sí misma una derrota y eso me machacaba mentalmente. Los siguientes kilómetros fueron durísimos. Los iba haciendo a tramos mientras corría y caminaba para descansar las piernas y, de hecho, más de una vez pensé en renunciar. Sin embargo, sabía que no me perdonaría jamás haber estado en París y no poder acabar el maratón, así que, a pesar de lo que me decía mi mente, seguía avanzando poco a poco. Pasado el kilómetro treinta y dos, cuando aún me quedaban los diez kilómetros más duros del maratón, me encontré con mi hermana. Ella y mi madre se habían separado para poder verme en diferentes puntos y así animarme hasta la meta. Cuando la vi, solo me salió decirle una cosa:

—Laura, no voy a poder acabarla.

—¿Cómo que no? Si ya lo tienes, Olga, tú puedes —dijo mi hermana, intentando darme ánimos.

—Si no vienes conmigo, no la acabo —respondí yo.

A pesar de que mi hermana nunca había corrido más de cinco kilómetros y que llevaba una mochila y ropa de calle, no se lo pensó dos veces y empezó a correr conmigo. Íbamos corriendo y parando según me permitían las piernas, pero poco a poco cada vez íbamos viendo como los kilómetros subían y nosotras nos acercábamos a la meta. De nuevo con las lágrimas en los ojos, vi la llegada al final y con ella a todas las personas que animaban a los corredores que pasaban por los últimos metros. Mi hermana y yo nos agarramos de las manos y pasamos juntas por la meta con los brazos levantados, ambas sabíamos que, sin ella, nunca habría podido acabarla, y se lo agradecería de por vida. Ese día lo pasaríamos descansando en el Airbnb y al día siguiente volveríamos a Madrid. Eso sí, con una medalla más y una sensación de victoria que, aunque fuese un poco agridulce por lo difícil que había sido, no dejaba de ser un impulso para mí.

Volvía a Madrid con algo más de motivación, decidida a cambiar. Aún no sabía lo mucho que tendrían que cambiar las cosas para que mi vida tomase otro rumbo, pero ese día decidí dos cosas importantes que marcarían un antes y un después en esa etapa. Por un lado, en julio iría a ver a mi amiga Chloe a Argentina. Ella estaba haciendo su Erasmus allí y me había propuesto pasar un mes con ella viajando por el país. Por otro lado, ese viaje me daba la excusa perfecta para pasar página con Andrés y me había ayudado a decidir que no quería seguir viéndole en persona (desde que lo dejamos, aún nos habíamos visto unas cuantas veces porque seguíamos escribiéndonos a menudo y eso no nos ayudaba a cerrar el capítulo de una vez para siempre). De hecho, y a pesar de mi política de contacto cero en persona (que tampoco cumpliríamos), aún estaríamos hablando por WhatsApp varios meses después mientras yo intentaba entender si lo que sentía por él era algo más o era parte del duelo que sentía al dejar a una persona con la que había compartido tanto tiempo.

En una de esas conversaciones que tuve con Andrés, me acuerdo de una pregunta que me hizo que me dejó perpleja y que, en cierto modo, me ayudó también a dar un cambio radical en mi TCA.

—Aparte de estudiar y trabajar, ¿no haces nada que quieras?

—Mmm, deporte, y de vez en cuando salgo —respondí yo.

La verdad es que, pensándolo en frío, mi vida de adolescente se resumía única y exclusivamente en eso: estudiar, trabajar y hacer deporte, y eso me daba mucha pero que mucha pena. El TCA seguía su curso como de costumbre, con semanas mejores y peores, pero siempre dispuesto a robarme lo mejor de mí: mi felicidad. Por eso, tras leer esa frase y pensarlo de nuevo esos días, decidí que había llegado el momento de volver a terapia.

Volví a contactar con la psicóloga que me había llevado anteriormente y decidí que era el momento de contarle lo que me pasaba con la comida y la obsesión que tenía por estar delgada. Aún no sabía que lo que tenía era una obsesión porque, de hecho, yo seguía queriendo adelgazar a toda costa, pero sabía que lo que me pasaba no era normal y ya llevaba casi cuatro años con un problema del que no conseguía salir. A pesar de mi cambio de actitud y de hacer algo para recuperarme, esa decisión no tuvo grandes consecuencias en ese momento, sino más adelante, pero pronto llegaremos a ese punto. De momento, y para adelantar un concepto que es clave en toda recuperación de un TCA, os diré que es imprescindible que la terapeuta esté especializada en TCA. Mi psicóloga seguramente era una profesional increíble, pero el hecho de que no estuviese especializada en ello hizo que, en vez de mejorar, siguiese cayendo en picado sin saber muy bien por qué.

Llegué a Argentina cargada de emociones. Me hacía muchísima ilusión poder viajar hasta la otra punta del mundo sola y poder vivir casi un mes sin ninguna presión de exámenes, familia u obligaciones. Quería disfrutar de la experiencia con Chloe, conocer todo lo que pudiese Argentina y también pasar tiempo a solas, que era algo que necesitaba desde hacía meses. El viaje lo habíamos dividido por etapas para intentar aprovechar el tiempo al máximo. Habíamos decidido pasar la primera semana en Buenos Aires, otra semana de viaje por Córdoba y Mendoza (típico *roadtrip* de amigas) y una última semana, que sería la que haría sola, visitando las cataratas de Iguazú para, finalmente, volver a Buenos Aires unos días y de ahí coger el vuelo de vuelta a Madrid. Esos días que pasé a solas fueron un constante descubrimiento y recuerdo que, aunque fueron pocos días, sí que fue de las pocas veces en todos esos años en los que me sentí plenamente feliz. Por unos días olvidé lo que era el TCA, olvidé mi preocupación constante por verme bien y simplemente reconecté con las cosas que de verdad disfrutaba haciendo: escribir, viajar, escuchar música y salir a correr (aunque esto último siempre era un arma de doble filo). Ese viaje supuso un parón en mi vida y, aunque por poco tiempo, me alejó de la sensación que había tenido los últimos meses de que todo iba mal y de que la vida muchas veces se me hacía cuesta arriba. De nuevo pensaba que haber tomado distancia podría ayudarme a hacer borrón de todo lo anterior y empezar de cero ahora que tenía un apoyo psicológico para el TCA. Sin embargo, aunque había dado grandes pasos a la hora de contar mi problema a un profesional y buscar ayuda, mi forma de alimentación y de compensación no habían cambiado, y eso hacía imposible que el TCA se fuese a esfumar; de hecho, solo acabaría por empeorar.

Al final del acantilado

En septiembre empezaba mi último año de carrera y por fin podía quitarme un gran peso de encima: tener que mantener la beca. Como era el último año, la beca ya me la habían aprobado en junio de ese año y, por tanto, ese último curso podía ir un poco más relajada. Digo «un poco» porque ya nos conocemos y, como os imaginaréis, tampoco iba a permitirme acabar el año con malas notas; quería terminar la carrera por todo lo alto. En la empresa en la que trabajaba me acababan de renovar el contrato y, en teoría, podría estar otro año más si yo quería, por lo que también nos quedábamos en el piso en el que estábamos, ya que a todas nos venía bien al estar cerca de nuestros respectivos trabajos. En general, parecía que todo marchaba como tenía que hacerlo; lo único que seguía sin darme un respiro era, como ya podréis adivinar, el TCA.

Un viernes de septiembre, tanto mi hermana como nuestra compañera de piso se habían ido a pasar el día fuera. Yo había decidido quedarme para aprovechar la tarde por Madrid y, aunque me daba miedo estar sola, pensaba que podría controlarme y pasar un día a solas sin ningún atracón. A medida que avanzaba la tarde y que veía que no tenía nada que hacer, empezaba a intuir lo que estaba por llegar, y aunque en un principio trataba de evitarlo, una vez que se me pasaba por la mente ya no había nada ni nadie que me parase. Ese atracón empezó como muchos otros. Primero, cogiendo alguna tostada de pan y poniéndole lo que encontrase por la nevera (era lo más rápido) y luego buscando otras cosas que calmasen mi ansiedad. El día anterior, mi hermana había comprado unos bollitos de desayuno que a ella le encantaban y solo se había tomado uno para desayunar. El paquete tendría unos doce bollitos, de los cuales aún quedaban once, y dadas las ganas que tenía en ese momento de comer, decidí empezar a tomarme esos bollos con varios vasos de leche. Obviamente, me los acabé todos y pensé que, si se los comprobaba de nuevo, ella no notaría nada; pero esa vez no fue así (aunque yo no me enteraría de eso hasta varios años después). Según me contó cuando yo ya estaba recuperada, ella empezó a intuir que algo no iba bien cuando se dio cuenta de que la bolsa que había comprado el día anterior estaba completamente nueva y ella recordaba que, al menos, se había tomado un bollo. Mi hermana no tardó en atar cabos y se dio cuenta de que había comprado una nueva bolsa, pero lo peor de eso no era que me hubiera acabado el paquete, sino que lo había hecho en una sola tarde, y eso era algo que ella no podía entender.

Hago un inciso breve para comentaros un hecho que también es clave en esta historia. No solo para acabar de entender el trastorno por atracón y otros TCA, sino también para entender por qué la recuperación de un TCA se hace tan difícil. Cuando llegas al punto en el que estaba yo, tras varios años de atracones continuos y periodos de restricción severa, tu cuerpo está completamente desconectado de las señales de hambre y saciedad porque no tiene ni idea de cuándo va a tener suficiente comida y cuándo no. Por eso, yo siempre tenía hambre, mucha hambre, y, por más que comiese y comiese durante los atracones, solo llegaba a saciarme cuando comía cantidades increíbles de comida, unas cantidades que seguramente serían impensables para una persona normal, como lo era en ese momento para mi hermana. El atracón era como una droga porque no solo era el momento en el que mi mente desconectaba por completo y me permitía relajarme, sino porque era el único momento en el que de verdad llegaba a saciarme y dejaba de pasar hambre, por eso siempre acababa volviendo a él.

A pesar de que mi hermana intuyó ese día que algo no iba bien, no me lo comentó; pero, más pronto que tarde, llegaría el momento en el que sabría perfectamente qué era lo que me pasaba.

Tras cada atracón que tenía, siempre venía después una idea descabellada sobre cómo perder el peso que había ganado. Con el transcurso de los años había probado tantas cosas que a veces me quedaba sin ideas, pero siempre acababa buscando la forma de encontrar un nuevo método para adelgazar que, en mi opinión, sería el definitivo. Probé tantas cosas rocambolescas que seguro que alucinaréis al leer algunas de ellas. Durante esos meses probé una aplicación que te pagaba por adelgazar. La aplicación consistía en ponerte un reto de pérdida de peso (tenías que fijar un peso al que querías llegar y el tiempo que ibas a tardar en hacerlo) y te apostabas dinero para ver si lo conseguías. La primera vez que usé la aplicación conseguí bajar los kilos que me propuse en un mes, pero la segunda vez que lo intenté fracasé estrepitosamente, ya que esa bajada de peso siempre iba acompañada de una recaída de atracones. Otra de las cosas que probé fue contratar a un entrenador personal online que también hacía dietas. Me pedía que le mandase las medidas de mi cuerpo al iniciar el proceso juntos y después me mandaba una dieta y un entrenamiento que podía hacer tanto en casa como en el gimnasio. Como pasaba siempre, ese nuevo método funcionaba durante un tiempo, hasta que llegaban los atracones y tenía que volver a empezar. Lo último que se me ocurrió que podía probar era una dieta que se había puesto muy de moda y con la que la mayoría de las personas que la probaban decían que habían perdido muchísimo peso y, mejor aún, sin pasar nada de hambre. Parecía prometedora y, una vez más, decidí que tenía que darle una oportunidad. La famosa dieta se llamaba la dieta keto o cetogénica. No os voy a explicar, queridos lectores, todo el proceso que pasé con esta dieta, porque, además de ser restrictiva de narices (básicamente podías comer grasas saludables y proteína, y tenías que evitar todo tipo de dulces, carbohidratos y hasta alguna fruta y verdura), también tenía que estar controlada con análisis de orina para ver si estabas o no en cetosis, una locura. Como os podréis imaginar, esa dieta no mejoraba mi problema, simplemente lo fomentaba más; pero sí traería algo bueno, y es que esa dieta acabaría propiciando la llegada de un punto de inflexión brutal en el TCA.

Jueves, 30 de noviembre de 2017

Ese jueves también me había quedado sola en casa, no recuerdo bien por qué, pero sabía que mi hermana y su amiga no iban a estar en toda la noche, y eso siempre dejaba la puerta abierta a un atracón. Llevaba una semana bastante buena ya que había conseguido seguir la dieta cetogénica desde el viernes anterior, y eso me daba un extra de confianza ante el hecho de quedarme sola. Sin embargo, también había sido una semana bastante dura en el trabajo, con mucho estrés y autoexigencia por mi parte, y eso hacía que, de una forma u otra, quisiese aliviar todo ese estrés de alguna manera.

La tarde empezó como tantas otras, algunas de las que he contado por aquí y muchísimas otras de las que hoy en día casi ni recuerdo, pero de esa tarde me acordaré siempre. No recuerdo qué fue lo que desató el atracón ese día, pero seguramente sería empezar a comer cualquier cosa que tenía por la nevera y a eso le siguió el resto. Sí que recuerdo que después de un rato comiendo, decidí pedirme una pizza y un helado porque sabía que quería algo salado, pero después querría algo dulce también; siempre me pasaba así. Cuando llegó la pizza, me la comí rápidamente mientras veía una nueva serie en la tele de nuestro salón. Aunque estaba bastante llena no podía parar, y después de la pizza empecé a comer el bote de helado que también había pedido. A medida que me llenaba más y más, mi angustia empezaba a aumentar; y, cuando finalmente estaba absolutamente llena y mi cuerpo me decía que ya no podía más, fue cuando rompí a llorar.

Estaba harta. Estaba agotada. Estaba defraudada y, peor aún, ya no tenía esperanza. No solo había vuelto a fracasar con la dieta, también había llegado al punto en el que de verdad no veía salida alguna. Me odiaba a mí misma, odiaba mi vida y odiaba que, a pesar de tenerlo todo, era completamente infeliz. La depresión que llevaba varios meses atormentándome pareció salir a la luz de repente con muchísima más fuerza, y me tiraba hacia abajo dentro de un agujero negro. Si recordáis el inicio del libro, lectores, os acordaréis de que decía que no podía entender cómo una persona podía llegar hasta el punto de querer acabar con su vida y, aunque aún me cuesta entenderlo incluso a mí, muchas veces llegar a ese punto de no retorno no es la consecuencia de un simple acto, sino de un conjunto de circunstancias que, en mi caso, llevaban machacándome cinco años. Sabía que tenía toda la vida por delante, sí, pero solo el hecho de imaginarme cinco años más sufriendo me consumía muchísimo. Era tal el sufrimiento que sentía que simplemente quería que se acabase para siempre, aunque en lo más profundo de mí no quería hacerlo. Mientras lloraba con desconsuelo, escribí a mi psicóloga diciéndole cómo me encontraba y que necesitaba ayuda urgente, pero ese mensaje no lo leería hasta el día siguiente. Sumida en esa depresión, empecé a pensar las maneras en las que acabaría con mi vida y cómo podía hacerlo de manera que fuese indolora: si algo tenía claro era que no quería sufrir más. Después de media hora esperando una respuesta que no iba a llegar y asustada por lo que estaba pensando en hacer, decidí darle una última oportunidad a mi recuperación. Me lo debía a mí misma, pero, más que nada, se lo debía a mi familia.

Eran las ocho de la tarde aproximadamente. Cogí el móvil y marqué el número de teléfono de mi madre. El teléfono comenzó a sonar. Primer pitido. Una larga pausa. Segundo pitido y otra breve pausa. El teléfono se descolgó al otro lado.

—¿Sí? —respondió mi madre con emoción. Estaba contenta. Se le notaba en la voz la alegría que transmitía. Ese mismo día nos habían dado una muy buena noticia, teníamos un piso en alquiler en Madrid y por fin habíamos conseguido venderlo.

Era un día para celebrar y disfrutar, aunque esa celebración estaba a punto de acabar.

—Hola, mamá —contesté yo con un tono entrecortado.

—¿Cómo estás, hija? —preguntó mi madre con curiosidad.

Se hizo un largo y vacío silencio. No sabía ni por dónde empezar.

—Hija, ¿estás bien? —El tono cambió casi de repente, sabía que algo pasaba sin que yo hubiera dicho más de dos palabras. Las madres lo saben todo y, si no, lo intuyen.

—Mamá…, no, no estoy bien —dije entre sollozos.

—¿Qué pasa, Olga? ¿Ha ocurrido algo?

—No sé por dónde empezar, mamá; todo va mal.

Me rompí en pedazos. ¿Cómo le podía contar algo que llevaba atormentándome más de cinco años y de lo que ella no sabía nada? ¿Cómo podía decirle las cosas que había hecho sin sentirme la persona más miserable del mundo? La vergüenza se apoderó de mí, pero era consciente de que ella tenía que saberlo y yo tenía que dar el paso.

—Cuéntame, Olga, por favor; me estás asustando.

—Tengo un problema, un problema muy gordo y ya no puedo más —respondí llorando—. He intentado hablar con la psicóloga, pero no me ha contestado aún y, sin quererlo, he empezado a pensar en lo peor, en que no quiero seguir viviendo esta tortura, prefiero irme de aquí que volver a enfrentarme a esto un día más.

—Pero ¿qué me estás diciendo, Olga? —Mi madre no daba crédito a lo que estaba escuchando y estaba muy asustada, se

notaba incluso a pesar de que estuviese a más de cincuenta kilómetros de mí.

—Sí, mamá, he pensado en que quizá era mejor que me fuese antes que seguir viviendo con este problema... Sé que está
mal, no quiero hacerlo y al mismo tiempo tampoco puedo seguir así. —Hice una pausa para respirar—. He pensado en irme
al hospital para que me ayuden, pero no sé adónde ir o qué hacer; estoy perdida, necesito ayuda.

—Olga, quédate donde estás, me pongo ahora mismo los
zapatos y voy para allá. Por favor, no hagas nada. —Oí que se
movía y empezaba a bajar las escaleras de nuestra casa.

—Vale, mamá.

—En media hora estoy allí. Salgo ya mismo.

—Sí, te espero aquí.

Colgó el teléfono.

Me quedé sentada esperando a que llegase mi madre, en medio del salón, que ya estaba a oscuras, y aún con lágrimas en los
ojos. Después de esa conversación no había vuelta atrás, y, por
extraño que pareciese, además del miedo que sentía por tener
que enfrentarme a esa situación, una losa enorme acababa de
caer detrás de mí. Por una vez sentía que había hecho lo correcto y que tomar la decisión de contárselo a mi madre sería algo
que me ayudaría, al menos, a superar otro día más.

Cuando llegó mi madre, lo primero que hizo fue abrazarme
y animarme a dar un paseo con ella. Llevaba toda la tarde metida en el salón y estar ahí sentada con el dolor de tripa que tenía
solo iba a empeorar cómo me sentía. Me puse los zapatos y un

abrigo y salimos a dar una vuelta por los alrededores. Creo que pocas veces he sentido tanto miedo de contarle algo a alguien como ese día. No por el miedo a lo que pudiese pensar sobre mí, porque sabía que mi madre me apoyaría fuese lo que fuese, sino por la vergüenza que me daba decirle qué era un atracón y que supiese qué pasaba en realidad cuando me dejaban a solas. Poco a poco, empecé a contarle cómo había empezado todo y que con el paso del tiempo se había vuelto más fuerte hasta llegar al punto en el que me encontraba. Sorprendentemente, lo que más le impactó de todo no fueron los atracones o la cantidad de comida que comía durante ellos, lo que más le impresionó fue el hecho de que no pudiese parar de hacer cosas nunca. Le había contado que siempre me llenaba el día de cosas que hacer porque en cuanto tenía un momento para descansar o quedarme sola era cuando tenía el atracón, y eso era lo que quería evitar a toda costa. Por lo que me contó mi madre con el paso del tiempo, esa noche vio claramente que yo estaba agotada y que lo más seguro era que también tuviese una depresión increíble, de ahí que esa noche también hubiese tenido esos pensamientos de querer acabar con mi vida. Algo que creo que ayudó, por triste que sea, fue que ella lo había vivido hacía años y sabía exactamente por lo que estaba pasando. La única diferencia era que ahora cambiaban las tornas y en vez de ser ella era yo.

Mi madre escuchó paciente todo lo que tenía que decirle, sabía que tenía que desahogarme por completo y ella tenía que saberlo todo, era la única forma de poder encontrar una solución a aquello. Tras contarle absolutamente todo lo que recordaba de ese problema y a lo que me había enfrentado, mi madre supo que esa situación se le escapaba de las manos. Había lidiado con una depresión y, por tanto, sabía que el primer paso era buscar otro tipo de ayuda psicológica (llegaremos a ello en breve), pero como el origen de la depresión al final era la comida, me dijo que teníamos que buscar a alguien especializado en eso, que supiese exactamente qué era lo que estaba pasando y cómo tenía que ayudarme. Además, me dijo que era conveniente que cogiese cita con el psiquiatra para que pudiesen darme algo para aliviar, en cierto modo, la depresión que tenía y que no llegase al punto al que había llegado esa noche. Por último, me dijo algo que recordaré siempre y que agradecí muchísimo los siguientes meses:

—Otra cosa, Olga, y de verdad esto es importante. Quiero que sepas que puedes dejar la universidad y el trabajo si es lo que necesitas. De hecho, no sé cómo has podido sacar los estudios estos años y además trabajar las horas que has trabajado con todo lo que estabas viviendo. Tu salud mental es lo primero, y lo más importante ahora es tu recuperación. Todo va a seguir igual si decides dejarlo ahora, es decir, si en un futuro quieres retomarlo, la universidad estará ahí al igual que muchísimos trabajos. Si sientes que necesitas dejarlo, déjalo, yo te apoyaré en lo que decidas.

—Gracias, mamá.

Solo me salió decirle eso, pero ese «gracias» lo simbolizaba todo.

A pesar de que, seguramente, haber dejado la universidad y el trabajo era lo que tenía que haber hecho, enfrentarme también al fracaso que suponía no haber podido acabar los estudios después de todo lo que ya había conseguido me machacaba aún más. Por eso decidí seguir adelante y tomarlo día a día, viendo hasta dónde podía llegar. Lo último que hablamos antes de volver a casa y acostarme fue que dejaría a la psicóloga con la que estaba y ambas buscaríamos en internet psicólogos especializados en TCA y tomaríamos una decisión para empezar lo antes posible. Mucho más tranquila y desahogada, ese día me fui a dormir pensando en que quizá sí que había una solución después de todo, y estaba dispuesta a hacer lo que fuese para encontrarla.

2018
Nuevos comienzos

Antes de empezar una nueva etapa, siempre hay que acabar con otra, y, en mi caso, una de esas etapas que debía cerrar era Andrés. Mi historia con Andrés se había quedado en punto muerto desde que volví de Argentina, es decir, ni avanzaba ni retrocedía. Como decía anteriormente, nuestro barco tardaría mucho tiempo en hundirse. Aunque habían pasado más de ocho meses desde que lo habíamos dejado oficialmente, seguíamos hablando a través de WhatsApp y nos habíamos visto un par de veces más. Yo había tenido algún que otro flechazo fortuito en Argentina y, aunque se lo había contado a Andrés y nos habíamos distanciado durante un tiempo, no habíamos conseguido pasar página definitivamente. Después de las Navidades parecía que volvíamos a hablar sin tener ninguno de los dos nada claro. Estábamos más distantes, pero, aun así, seguíamos escribiéndonos para contarnos nuestro día a día y programar una nueva quedada, que, aunque en un principio me hacía ilusión, finalmente supondría el cierre definitivo de nuestra relación. Esa tarde de la que hablo, decidimos encontrarnos en un bar cerca de casa de Andrés porque tenía una mesa de futbolín y era algo con lo que solíamos chincharnos el uno al otro y bromear sobre quién iba a ganar, aunque siempre acababa ganando Andrés. Después de saludarnos tímidamente y de jugar una partida para quitarle un poco de hierro al asunto, decidimos sentarnos a hablar las cosas claramente. En un principio pensé que la conversación se centraría más en lo que había pasado entre nosotros y en cómo nos sentíamos de cara al futuro, pero pronto daría un giro repentino que nunca me hubiese esperado. Andrés me contó que durante esos meses que habíamos estado separados había pasado algo con su ex; y aunque estaba en todo su derecho de hacerlo, fue algo que me rompió en mil pedazos. Para resumir esa historia y entender por qué ese fue el punto final de todo, he de decir que ya había sido motivo de discusión entre nosotros el hecho de que se llevase tan bien con su ex, pero él siempre me había prometido que ese capítulo estaba cerrado y que nunca debía preocuparme por ello. Como podréis imaginar, lectores, al enterarme de que precisamente había sido con ella con la que había tenido algo y lidiando a su vez con todo lo que estaba pasando con el TCA, decidí que ya no podíamos seguir porque lo único que estábamos haciendo era hacernos más daño y destruir definitivamente los recuerdos bonitos que quedaban de nuestra relación. Así que ese día tomé la decisión definitiva y no volví a mirar atrás. Esa sería la última vez que vería a Andrés.

Unos meses más tarde seguía cerrando etapas y abriendo otras, y aunque aún ni me imaginaba todo lo que estaba por llegar ese mismo año, poco a poco iba recuperando la ilusión por empezar nuevos proyectos. Había comenzado las sesiones con una psicóloga especializada en TCA y me estaba ayudando a entender por qué pagaba todas mis emociones con la comida y cómo podía canalizar eso de otra forma. Los atracones no se habían ido por completo, pero entender qué era lo que me pasaba completamente y ver que algunas veces sí que podía controlar esos impulsos me daba esperanzas de que podría acabar con ello tarde o temprano. En mayo de ese año también decidí dejar la empresa donde trabajaba. Llevaba casi dos años trabajando allí y veía que mi etapa en ese sitio llegaba a su fin. Además, pronto tendría los últimos exámenes de la carrera y presentaría el TFG y necesitaba ese tiempo extra para poder preparármelos a conciencia. Mi afán de ser perfeccionista y de llenarme el día de cosas por hacer era algo que también estaba trabajando con la psicóloga, y el hecho de dejar el trabajo suponía que estaba haciendo cosas por mí y mi recuperación. Por otro lado, y más o menos en las mismas fechas, también habíamos decidido dejar el piso en el que estábamos. Mi hermana quería irse a vivir sola y a mí no me vendría mal estar unos meses con mi madre hasta saber qué iba a hacer al acabar la universidad. Seguramente, empezaría a buscar trabajo en Madrid, pero como no tenía nada claro sobre qué es lo que quería hacer, decidí dejar esa decisión para más adelante. Aún no sabía que esa decisión de irme unos meses con mi madre sería una clave importantísima en mi posterior recuperación del TCA, pero aún tendrían que pasar varios años para poder sanar definitivamente mi problema con la comida.

Un e-mail, un destino

Ya en casa de mi madre, dedicaba las tardes a estudiar para los últimos exámenes de junio. Mi madre y yo habíamos decidido hacer un viaje unas semanas más tarde por Italia para intentar desconectar de toda la situación. Recorreríamos la región de Emilia-Romagna y veríamos Parma, Mantua, Módena y Bolonia, entre otras ciudades. Subiríamos al lago de Como y finalmente acabaríamos juntándonos con mi hermana en Venecia, ya que ella estaría allí por trabajo. El viaje me hacía especial ilusión porque Italia siempre había sido un país que quería descubrir, y ahora que los atracones se habían reducido (además de que estaba tomando antidepresivos y seguramente ayudaba) tenía ganas de disfrutar de esos días en familia.

Una de las tardes antes del viaje, me puse a revisar e-mails en mi bandeja de entrada y a borrar los típicos correos tan odiosos de publicidad. Uno de esos e-mails llamó mi atención y decidí mirarlo antes de borrarlo. El correo era de una empresa de suplementos alemana que seguía desde hacía tiempo. Su proteína en polvo me encantaba y los productos que tenían me fascinaban, así que me metí a ver qué novedades habían sacado. No sé muy bien por qué, algunos dirán que fue suerte y otros, destino, pero bajé hasta el final del e-mail y llamó mi atención un apartado que ponía «Empleo». Pinché ahí y pronto se me abrió una nueva pestaña con una lista de posiciones abiertas dentro de la empresa. Seguí bajando por curiosidad hasta ver una posición que tenían abierta en la empresa y que decía: «Community Manager for the Spanish Market» o, lo que es lo mismo, «Community Manager para el mercado español». Nada más meterme a ver de qué se trataba la posición, sentí que me estaban hablando a mí. El trabajo consistía en llevar las redes sociales de la empresa para el mercado español que acababan de abrir y pedían a una persona que, además de estar formada en marketing o publicidad, fuese organizada, que le gustase el deporte y los suplementos y, eso sí, que estuviese dispuesta a mudarse a Berlín. Cumplía todos los requisitos menos la parte de irse a vivir a Berlín. Para ser sincera, mudarme no era algo que me preocupase del todo, sabía que con el inglés podía entenderme sin problema; simplemente, Berlín era una ciudad que no me llamaba para nada la atención. Las Navidades anteriores habíamos hecho un viaje corto para ir a verlo por primera vez y me había parecido muy interesante por su historia, pero muy oscuro y frío, por eso me generaba bastante rechazo la idea. Por otro lado, empezaba a estar mejor con los atracones, al no pasar mucho tiempo sola y tener el apoyo extra de la psicóloga se habían reducido bastante, pero me daba miedo no estar curada del todo. Recuerdo que le enseñé la oferta a mi madre y ella misma me dijo: «Olga, si la echas, te van a coger; tú decides». Tampoco tenía nada que perder por echar el currículum y ver si me llamaban, así que solicité plaza para la posición sin muchas expectativas y volví a ponerme a estudiar.

El viaje por Italia fue un sueño. Mi madre y yo teníamos bastante planificado el itinerario, pero a medida que íbamos viajando nos parábamos a descubrir sitios que íbamos encontrando en el camino. La verdad es que viajar es una de esas cosas que llenan el alma y, por muy mal que vaya todo, siempre queda eso. La comida también me había dado un poco de tregua, y en ese viaje me sentí con la libertad de permitirme bastantes platos que me apetecían. Aún intentaba controlar que no pasasen dos días seguidos comiendo pasta por el miedo a engordar, pero la verdad es que, al menos, no pensaba en comida a todas horas. Uno de los días que estábamos visitando Módena, de repente recibí un e-mail que me hizo muchísima ilusión. Era un contacto de recursos humanos de la empresa de suplementos y me decía que quería llamarme cuando tuviese disponibilidad para hablar sobre mi experiencia y sobre la posición. Como estábamos de viaje le comenté que esa misma tarde la tendría disponible, así que quedamos en hablar unas horas después. Esa tarde íbamos a estar visitando la casa de Luciano Pavarotti y, como era una casa tipo museo a las afueras de la ciudad, sabía que tendría tiempo de salirme a la calle para hablar con calma.

A las 17.00 exactamente sonó el teléfono con un número que empezaba con +39; tenía que ser él. Hablamos largo y tendido durante una hora y la entrevista fue completamente en inglés, como yo ya me imaginaba. El *recruiter* era ni más ni menos que italiano y también era una persona que hacía muchísimo deporte, así que encajamos a la perfección desde el principio. Me comentó todo sobre la posición y me dijo que me encantaría la empresa (cosa que yo ya sabía porque no podía ser más fan de sus productos). También me dijo que tendría que empezar a mediados de junio y le comenté que, en el caso de que finalmente me cogiesen, tendríamos que hacer un apaño porque yo entregaba el TFG en julio y tendría que hacerlo de manera presencial. Ultimamos algún que otro detalle y antes de acabar me confirmó que creía que era perfecta para el puesto y que agendaría una llamada con la que podría ser mi futura jefa en la empresa. Nos despedimos cordialmente y quedamos en hablar pronto.

Ya os decía al inicio que las madres son brujas y que lo saben todo. En mi caso, mi madre me dijo que me iban a dar la posición antes de pedir el puesto, y, justo el último día que volvía a España en avión desde Italia, me confirmaron que el puesto era mío. Ahora solo tendría que mudarme a Berlín.

Los meses de preparación para la mudanza fueron intensos, por decirlo de algún modo. Pude hacer los exámenes que me quedaban antes de irme y habíamos decidido que, aunque empezase a mediados de junio a trabajar en la empresa, tendría una semana de vacaciones en julio para volver a España y presentar mi TFG. No tenía ni idea de cómo buscar casa allí, pero por lo que me había comentado el *recruiter*, y lo que yo había leído, lo más fácil era buscar alojamiento una vez estabas en la ciudad. También tendría que registrarme como ciudadana a través de un papel llamado Anmeldung y sacarme un par de papeles, de los que no entendía ni la mitad, con los que me sería más fácil encontrar un piso. Hacía mucho tiempo que no estaba tan ilusionada por algo, y de verdad creía que irme a Berlín a mi empresa soñada me daría el último impulso que necesitaba para acabar de una vez para siempre con el TCA (al fin y al cabo, era la primera vez que veía que los atracones casi habían desaparecido). También decidí dejar a la psicóloga con la que estaba porque me encontraba mejor y, desde la vuelta de Italia, no había tenido ni un solo atracón. Sabía que ahora tenía que consolidarlo, pero el hecho de haber comido todo tipo de comidas en casa de mi madre me ayudaba muchísimo a hacer las paces con la comida (la clave que comentaba anteriormente y de la que hablaremos más adelante). También seguía haciendo muchísimo deporte y mis ganas de perder peso aún estaban ahí, solo que en ese momento, con todos los cambios que estaba teniendo, no me paraba a pensar en ello tan a menudo. Una vez tuve mi vida entera organizada en maletas y con solo una reserva en un hostal para la primera semana que estaría en Berlín, me despedí de España y cogí el avión con destino a una nueva vida.

El pirulí

Las primeras semanas tras mi llegada a Berlín fueron frenéticas y excitantes al mismo tiempo. Había empezado a trabajar en la empresa de suplementos a la cual llegaba cómodamente en U-Bahn (lo que conocemos como metro) cada mañana. Mis compañeros eran casi todos internacionales y mi equipo estaba compuesto por dos italianos, otra chica española llamada Clara y mi jefa, que también era italiana. No éramos muchísimos en plantilla, seríamos unos cincuenta, pero la empresa estaba creciendo a marchas forzadas. De hecho, al poco de llegar, me comentaron que querían cambiarse de sede a otra parte de la ciudad porque en la que estábamos en ese momento se les quedaba pequeña. Por otro lado, había ido a ver varios pisos de alquiler, pero ninguno me había encajado del todo. La verdad es que encontrar piso en Berlín era una locura porque cada vez que alguno me interesaba ya lo habían visto otras diez personas antes y estaban reservados; y si no era así, era porque el piso estaba fatal o era carísimo. A pesar de eso, la tarde anterior había ido a ver un piso que estaba bastante bien, pero cuyo propietario era un señor de unos cincuenta años que alquilaba la habitación de su hija porque esta se había ido a estudiar fuera de la ciudad. No me encantaba la idea, ya que prefería compartir piso con alguien de mi edad que me facilitase conocer a más gente, pero quedamos en que me llamaría si la persona que ya lo había reservado se echaba para atrás. Efectivamente, esa tarde me llamó y me confirmó que la habitación estaba disponible si la quería, y aunque no lo tenía del todo claro, no tenía nada mejor. Confirmé que quería realizar los papeles y tres días más tarde estaba en mi nueva habitación.

Unas semanas después, volvía a estar en España. Había presentado el TFG y solo me quedaba por confirmar que estaba aprobado. Si era así, sería titulada por partida doble en Publicidad y Organización de Eventos y habría acabado finalmente ambas carreras. Para celebrarlo junto con mi cumpleaños, que también caía en esa fecha, decidimos irnos unos días a Asturias antes de que volviese a Berlín. Recuerdo perfectamente caminar por el paseo que daba al puerto de Cudillero y recibir una notificación de la plataforma de mi universidad: se había publicado la nota de mi TFG. Me quedé un momento a solas y me metí corriendo en la plataforma para ver qué nota me habían puesto, al verla, casi se me saltaron las lágrimas. No solo había aprobado el proyecto final de carrera, sino que me habían concedido la máxima nota y me iban a dar una matrícula de honor. Recibir esa nota fue como darle una patada en toda la boca al TCA. Habían sido cinco años de mucho sufrimiento, había pensado en dejarlo varias veces y aun así había seguido hacia delante. Esa nota y esa matrícula reflejaban que lo había trabajado, sí; pero, más allá de eso, me daban la esperanza y los ánimos de que todo iba a salir bien y de que, si había podido con eso, podía con cualquier cosa. Ese día lo celebramos por todo lo alto y unos días después cogí el avión de vuelta a la capital alemana.

Berlín era fácilmente reconocible desde antes de llegar, porque cada vez que ibas a aterrizar podías ver en el medio de la ciudad la torre de la televisión o, como yo siempre lo he llamado, «el pirulí». Algo que me fascinaba era que, a pesar de ser la capital, la ciudad es bastante tranquila. Por las mañanas se respiraba paz e ir al trabajo era literalmente como las películas parisinas en las que ves a la gente que va en bici disfrutando del aire fresco de la ciudad. A pesar de que yo pensaba que Berlín era gris y lúgubre, llegar en verano hizo que me enamorase de la ciudad y la viviese desde otra perspectiva completamente distinta. Al poco de estar allí, hice muy buenas migas con Clara y pronto me enseñó los lagos que rodeaban la ciudad, así como un festival muy típico que siempre se hacía en verano: Lollapalooza. La verdad es que estaba disfrutando de todo lo que me rodeaba. Redescubría una ciudad inmensa, conocía a gente majísima, vivía los días sin preocuparme por el TCA y me veía mejor que nunca físicamente. Al no tener atracones durante unos meses y seguir haciendo mucho deporte, había bajado bastante de peso. No había podido pesarme para comprobarlo, pero tanto yo misma como las personas que me conocían lo notaban a través de las fotos que veían en mis redes sociales. Era libre de una vez para siempre y podía disfrutarlo como me merecía. Sin embargo, muchas veces, cuanto más alto estás y más confiado te sientes es cuando más fuerte viene la caída, y eso fue precisamente lo que pasó.

Mi primera recaída

A pesar de que todo a mi alrededor iba bastante bien, en el piso en el que estaba había empezado a tener problemas con mi casero. Al ser un hombre hecho y derecho (y también muy alemán, todo cabe decirlo), tenía bastantes manías y odiaba que cocinase en la casa. A mí siempre me había gustado cocinar y, además, aunque tenía un buen sueldo para acabar de llegar a Berlín, no podía permitirme el lujo de comer siempre fuera cuando iba a la oficina. Yo intentaba cocinar lo menos posible y abrir las ventanas para que se fuesen los olores, pero aun así no era suficiente para el casero, que, de hecho, me obligó a comprar una sartén especial con tapa para que no oliese la casa (lo dicho, muy alemán). A pesar de que los primeros días lo gestioné bien, con el paso del tiempo empezó a ser muy incómodo para los dos y a mí me generaba bastante estrés el momento de llegar a casa por miedo a lo que pudiese sacar a relucir ese día. Un fin de semana que él iba a estar fuera de la ciudad, decidí dormir más de la cuenta y ponerme a ver una serie en la habitación, me apetecía estar tranquila después de todo el ajetreo y estrés de las últimas semanas. Me preparé unas tostadas con aguacate y huevo a la plancha, mi desayuno de brunch por excelencia. Una vez me acabé las tostadas, empezaron a entrarme las ganas de tomarme algo dulce y, además, quería seguir con la serie que estaba viendo. Yo pensaba que todo iba a salir bien porque llevaba dos o tres meses sin atracones y sabía que por tomarme un dulce tampoco iba a pasar nada. El problema, como ya podréis intuir, es que la situación con el casero había vuelto a sacarme de mi zona de confort y empezaba a tambalearme emocionalmente, y mi forma de gestionar el malestar emocional durante mucho tiempo había sido y seguía siendo la comida. Tras comerme un poco de pan con chocolate negro, que era el único tipo de dulce que tenía en la casa, necesitaba más. Como no tenía nada a mano, me hice un par de tostadas más con aguacate rezando por que las ganas de seguir comiendo parasen ahí, pero no fue así. Una hora después había pedido una caja de dónuts por una aplicación de *delivery* y me había acabado los seis dónuts de una tacada. Me había llenado antes que otras veces; un año atrás hubiese podido comerme muchos dónuts más, pero, a pesar de eso, seguía viendo ese episodio como lo que había sido: un atracón y, peor aún, mi primera recaída tras el periodo más largo que había estado sin atracones.

Lo primero que pensé fue que podía haber sido un hecho aislado, pero sabía que una vez se abriese la posibilidad de tener atracones, seguramente vendrían más. Me daba miedo volver a contárselo a mi madre, me arrepentía muchísimo de lo que había pasado y no quería volver a preocuparla ahora que parecía que todo iba mejor. También pensé en que era pronto para retomar el contacto con la psicóloga, al fin y al cabo, solo había tenido un atracón. En ese momento mi voz del TCA había vuelto a aparecer, solo que más callada y tímida que las últimas veces. Me culpaba por el atracón que había tenido y me decía que tendría que compensar ese atracón con menos comida, como siempre. Sin embargo, ya había comprobado, cuando estuve en casa de mi madre, que comiendo de todo era como había podido tener un periodo de paz, así que intenté no hacerle caso a la voz y seguí con mi día a día normal. Eso sí, al día siguiente me aseguré de pasar un poco más de tiempo del habitual en el gimnasio. Aunque me encantaría deciros que ese atracón fue un hecho aislado, la verdad es que seguía compensando los atracones que tenía con el deporte y, a pesar de que al principio intenté seguir comiendo de todo, pronto volvería el remordimiento por haber cogido peso y querría empezar de nuevo una dieta, lo que supondría la recaída definitiva en el TCA.

Un nuevo hogar

Los atracones se habían vuelto algo recurrente, algo que sucedía semanalmente, y, sumados al estrés que me producía la situación con mi casero, no tenían pinta de mejorar. Por suerte, mi vida estaba a punto de cambiar.

Clara, que vivía con su pareja desde hacía un año y medio, me había comentado que estaban buscando un nuevo piso. Ellos estaban compartiendo uno con un chico italiano llamado Marco, pero como ya llevaban bastante tiempo juntos, querían dar el paso de irse a vivir solos. Clara sabía la situación por la que estaba pasando con mi casero, así que me dijo que si quería podía ir a ver la habitación que dejaban en el piso compartido, ya que quizá me interesaba. La verdad es que al inicio no me apetecía mucho realizar otra mudanza, hacía tan solo tres meses que había llegado a Berlín, pero visto lo visto con mi casero, tampoco tenía nada que perder. Una tarde después del trabajo, nos acercamos juntas a ver el piso. Era un tercero al ladito del Checkpoint Charlie, una de las zonas más famosas de Berlín y muy cerca del centro. Además, el piso estaba a diez minutos andando de la nueva sede de la empresa, que finalmente había decidido instalarse en esa parte de la ciudad. Y la verdad es que estaba fenomenal: tenía dos habitaciones bastante amplias, un salón comedor y una terracita que daba a la calle. Marco, el italiano con el que compartiría el piso si decidía instalarme allí, no estaba en la ciudad, ya que se había ido a hacer un viaje por el sur de España, así que no había podido conocerle. Le dije a Clara y a su chico que me gustaba la habitación y que quizá podían comentárselo a Marco a ver qué le parecía la idea. Como estábamos a finales de agosto y Clara aún tenía que encontrar piso, decidimos que lo mejor sería que Marco y yo nos conociésemos en persona y, si los dos estábamos de acuerdo, hacer el traslado a primeros del mes de octubre.

Dani había organizado un viaje para venir a verme esa semana, y el día que se iba coincidía con el día que conocería a Marco. Al ser domingo, habíamos quedado en Mauerpark, un parque muy conocido en Berlín por los karaokes en vivo que se montaban los fines de semana, todo un espectáculo. La idea era dejar a Dani cerca de la estación para que fuese camino del aeropuerto y yo reunirme con Clara y su pareja allí para después conocer a Marco, que llegaba ese mismo día desde España. Estuvimos disfrutando del precioso día que hacía mientras escuchábamos a la gente cantar. Después de un par de horas decidimos dar una vuelta por el parque para encontrarnos finalmente con Marco. Nada más verle supe que sería él porque parecía muy italiano. Llevaba una camiseta de tirantes amarilla fosforita y un collar de esos de piedras que siempre compras en la playa y estaba morenísimo. Tenía los ojos claros y gafas, y nada más vernos no tardó en saludarnos con un típico: «*Ciao!*», muy italiano. Como él no hablaba español ni nosotros italiano, nos comunicábamos en inglés. Nos contó que había estado con su hermano por todo el sur de España y que les había encantado, parecía ser un amante de la cultura española y la verdad es que le pegaba mucho; parecía salido literalmente de *Gandía Shore*. Me hizo muchísima gracia y me cayó bien al instante, si al final vivíamos juntos, seguramente tendríamos las risas aseguradas. Después de estar un rato charlando, nos intercambiamos los teléfonos y quedamos en hablar en caso de que él finalmente aceptase. Nada más despedirnos recuerdo decirle una única cosa a Clara: «Vaya ojos que tiene», y según me enteraría unos meses después, lo único que él le dijo a la pareja de Clara fue: «Déjame una noche a solas con ella, ya verás». Todo un romántico, vamos.

Marco no tardó mucho en escribirme y, con la excusa de que seríamos compañeros de piso próximamente, nos veíamos a menudo. Yo había ido un par de veces al piso para verle de nuevo y para trabajar con Clara, en parte porque intentaba evitar estar mucho tiempo en el piso con mi casero y en parte porque me apetecía ver a Marco. Tenía claro que no quería que pasase nada entre nosotros porque íbamos a vivir juntos, pero un poco de tonteo nunca hizo mal a nadie, y desde la historia con Andrés la verdad es que no había tenido muchas ganas de quedar con otros chicos. Uno de los días que nos vimos, Marco se enteró de que yo salía bastante a correr y no tardó en proponerme quedar para ir juntos. Yo venía de hacer bastante deporte y también seguía corriendo a menudo por la ciudad. Normalmente hacía entre ocho y diez kilómetros cada vez que salía, así que estaba bien entrenada. Cuando quedamos para ir a correr, Marco me enseñó el camino desde nuestra casa hasta Tiergarten, uno de los parques más grandes de la ciudad, y estuvimos corriendo por allí mientras él intentaba encandilarme y, la verdad, yo me dejaba. Empezó a contarme que nunca había estado en una relación seria y que quería asentar la cabeza, y como a mí eso tampoco me interesaba del todo, no le seguía demasiado el juego. Con el tiempo me enteré de que él ese día quería impresionarme y, como también era bastante deportista, había intentado hacerlo corriendo. Por desgracia para él, se topó con una Olga muy entrenada y, en vez de parar cuando llevábamos siete kilómetros corriendo, le dije de seguir hasta los once. Como su orgullo le impedía decir que estaba cansado, el pobre resistió y siguió hasta volver a casa, aunque meses después me admitió que después de esa tarde tuvo agujetas durante varios días.

Tanto mi madre como mi hermana me habían advertido que tuviese cuidado, palabras textuales de mi madre: «Nunca te fíes de un italiano», y qué razón tenían. Yo les había contado que mi futuro compañero de piso era muy majo y que, en realidad, un poco de tilín sí que me hacía, así que me habían sugerido que me esperase a que viviésemos juntos, y en el caso de que algo tuviese que pasar, que pasase después de conocernos bien. La verdad es que si pasaba algo y la cosa iba mal, la que iba a salir perdiendo era yo claramente porque había sido la última en llegar y, por tanto, sería la que tendría que irse si la cosa acababa muy muy mal. Esa posibilidad no pareció importarnos a ninguno de los dos porque, aunque yo llevaba algo más de cautela,

Marco estaba decidido a conquistarme antes de que me mudase a su piso. El último viernes antes de la mudanza, Marco me propuso salir con unos amigos suyos que iban a intentar entrar en una discoteca de Berlín. Digo «intentar» porque en la mayoría de las discotecas de la ciudad no es del todo probable conseguirlo, y más siendo extranjeros. Aun así, quedamos en probar suerte y, si no, nos iríamos a un bar a echar la noche.

Empezamos bebiendo en nuestra casa y poniéndonos un poco a tono para aguantar hasta la madrugada. Uno de los amigos de Marco, también italiano, bebió más de la cuenta y eso sería lo que definitivamente haría que no nos dejasen pasar esa noche a la discoteca. A pesar de haber sido rechazados, por así decirlo, no nos importó porque ya contábamos con esa posibilidad, así que nos fuimos un rato a beber a un bar hasta que decidimos volver a casa. Como estábamos muy cerca de la casa de Marco, yo decidí acompañarle con la intención, en un principio, de quedarme a dormir en su sofá cama. Tanto vosotros como yo, lectores, sabemos que las intenciones pueden cambiar repentinamente y más si tienes a un chico italiano que te gusta insistiéndote en que te quedes a dormir con él. A pesar de eso, he de decir que puse todos mis esfuerzos en intentar resistirme, y, según me contó Marco más adelante, le costó lo suyo convencerme. Así fue como sin planearlo había empezado a tener algo con el que sería mi compañero de piso una semana después, y eso tenía toda la pinta de que iba a acabar mal, terriblemente mal.

Todo sale cuando tiene que salir

Ese mes de octubre fue interesante, por decirlo de algún modo. Marco y yo seguíamos liados y, de hecho, solo había dormido una vez en mi habitación, la cual ahora usaba únicamente como vestidor (el sueño de toda mujer, claro está). Entre nosotros hablábamos en inglés, aunque a veces probábamos a chapurrear un poco de español y un poco de italiano y, básicamente, nos entendíamos a la mitad. La verdad es que la convivencia estaba siendo bastante buena, contra todo pronóstico. Los dos éramos organizados y nos gustaba tener la casa recogida, un minipunto que jugaba a su favor. Además, a ambos nos gustaba hacer deporte, así que solíamos salir a correr juntos a menudo. Por otro lado, los atracones me habían dado un respiro porque ahora estaba siempre con él en casa y, obviamente, no me iba a dar un atracón estando él. Tampoco sabía nada del problema que yo tenía, solo parecía saber lo evidente: era una chica a la que le gustaba comer sano y hacer deporte, y eso, dentro de lo que cabe, era algo bastante normal para él. Si bien es cierto, había algo que me ponía nerviosa y que a menudo disparaba mis alarmas del TCA. A Marco le encantaba salir a comer y cenar fuera, de hecho, solía salir unas cuatro o cinco veces por semana, además de los días que comía en la oficina. A menudo me proponía unirme a él y sus amigos, pero para mí comer fuera significaba comer cosas diferentes a las que tenía en casa, y eso, casi siempre, acababa después en un atracón. Solía dar excusas sobre el trabajo o le decía que tenía planes. Después me sentía mal por mentirle justo cuando nos estábamos conociendo, pero para mí era impensable contarle todo lo que estaba pasando cuando ni siquiera me había atrevido a decirle a mi madre que había vuelto a recaer.

Una noche, mientras hablábamos sobre los viajes que habíamos hecho y salíamos a cenar juntos (él se pediría, obviamente, una pasta y yo, una ensalada), Marco me propuso una idea un tanto disparatada:

—Olga, te propongo una cosa —me comentó en inglés.

—A ver, qué se te ha ocurrido ahora —respondí yo. La verdad es que casi no le conocía, pero si algo había aprendido de él era que siempre tenía alguna idea loca que sugerir.

—¿Y si nos vamos a Copenhague? —respondió Marco emocionado.

—¿A Copenhague? ¿Cuándo? —contesté confusa.

—El fin de semana que viene. Es Halloween y podemos aprovechar el puente para visitar la ciudad. ¿Qué te parece?

Yo aún estaba confusa porque en realidad nos conocíamos desde hacía menos de mes y medio, pero si algo había aprendido con el tiempo era que la mejor manera para conocer de verdad a una persona era irte de viaje con ella.

—Venga, ¿y por qué no? —respondí, finalmente, emocionada.

Nunca había estado en Copenhague, pero por lo que amigos cercanos me habían contado parecía ser una ciudad bonita y tranquila (además de ser cara de narices). Nosotros teníamos ganas de explorarla entera y, sobre todo, de disfrutar de experiencias diferentes, así que decidimos reservar una noche para ir a un parque de atracciones en medio de la ciudad que iba a estar abierto con motivo de Halloween. También habíamos decidido quedarnos en un Airbnb porque nos parecía más sencillo para movernos por allí, pero nuestra sorpresa fue descubrir que compartiríamos la casa con una familia y que nosotros dormiríamos en el cuarto de sus hijas. En vez de tomárnoslo a mal, nos reímos muchísimo de la experiencia y al final hicimos buenas migas con los propietarios de la casa. La noche que fuimos al parque de atracciones fue especialmente divertida. La mayoría de los asistentes iban disfrazados y era todo un espectáculo ver a brujas, vampiros y momias subidos a una montaña rusa, y nosotros también montamos en varias atracciones, una de ellas resultó ser peor que una lavadora acabando el centrifugado. Marco se mareó muchísimo al bajar y tuvimos que sentarnos un rato antes de seguir montándonos en atracciones, pero, en general, fue una noche magnífica. Esa noche de Halloween sentí por primera vez la sensación de querer parar el mundo y quedarme congelada ahí con él. Quería que esa noche fuera eterna y no se acabase nunca.

Muchas veces me había planteado esta pregunta: ¿cómo sabes si estás enamorada?, es decir, ¿es algo que de repente sabes?, ¿es un flechazo como en las películas o acaso es algo que descubres con el tiempo? Tanto con Andrés como con Iván, pensaba haber estado enamorada. Cuando estaba con ellos, como con Marco, me revoloteaban mariposas en el estómago y estaba nerviosa cada vez que los veía. Creía que querer a alguien significaba querer ver a tu pareja y pasar tiempo con ella, pero nunca me había planteado que quizá el amor era otra cosa. Con el paso de los años, algunas personas me han preguntado cómo sabía que Marco era la persona de mi vida, y, en verdad, en ese momento no lo sabía, pero tampoco hacía falta que así fuese. La diferencia era algo muy muy simple y que a menudo he visto que es lo que comparten muchas parejas que llevan toda la vida juntos, y es que nuestra relación era fácil. Con Marco no tenía la necesidad de fingir, no tenía que preocuparme por saber si él sentía lo mismo o si quería estar con otras personas, tampoco tenía miedo del futuro, de escribirle mucho o poco o de hacer algo que pudiese dañar la relación, porque, simplemente, era fácil estar con él. Era fácil estar todo el día riendo mientras estábamos juntos, al igual que había sido fácil empezar a vivir con él desde que nos conocimos. Era fácil saber lo que estaba pensando porque me lo transmitía con sus palabras y gestos, al igual que era fácil dejarse llevar porque simplemente era como yo. Obviamente, también creo que una relación se construye día a día, y que a pesar de que una persona pueda ser prácticamente tu alma gemela, tendréis que luchar a diario por estar juntos. A Marco y a mí aún nos quedaba mucho por vivir y afrontar, tendríamos que superar nuestros peores demonios para poder avanzar y superar una crisis que casi acabaría con nosotros, y todo ello estaba, en gran parte, ligado a uno de mis peores demonios: el TCA.

Nuestra vuelta a Berlín fue agridulce. El viaje había sido perfecto y costaba tener que salir de esa burbuja para regresar a nuestra rutina del día a día, pero, al mismo tiempo, nos esperaban unos meses de mucho trabajo y queríamos sacar todo adelante antes de volver a casa por Navidad. En el trabajo estábamos hasta arriba y acababa de unirse una nueva compañera española llamada Paula a nuestro equipo porque el mercado español no paraba de crecer. A pesar de que a menudo echábamos más horas de las que tocaban, también eran bastante típicas las fiestas en la oficina los viernes por la tarde. Como aún era una empresa pequeña, se hacían reuniones a menudo con toda la oficina, incluidos nuestros jefes, y se pedían pizzas para disfrutar de la tarde charlando y tomando algo todos juntos. Yo no solía unirme a la fiesta la mayoría de los viernes por un simple y evidente motivo: la pizza.

Uno de los primeros días que se había organizado esa fiesta había decidido comer un par de trozos de pizza ya que nos habían dado las diez de la noche y no habíamos comido nada. La pizza era algo que no solía permitirme (al igual que muchas otras cosas más), así que era un desencadenante directo de los atracones. Cuando me comí esos dos trozos de pizza, pasó como cada vez que iba a tener un atracón: de repente sentí que lo único que quería hacer era seguir comiendo. Parecía que un monstruo dentro de mí me pedía comida y no iba a parar hasta conseguirlo. Como había gente alrededor de las pizzas, no podía comer libremente todo lo que yo quería, así que sabía que en cuanto llegase a casa sería el momento del atracón. De hecho, de vuelta a casa había un pequeño supermercado que solía estar abierto, así que decidí entrar para coger provisiones antes de volver. Compré leche, galletas, cereales, pan para sándwiches y todo lo que se me antojó. Lo que debería ser la compra para varios días de comidas, en realidad era única y exclusivamente para el atracón. Eso me hacía sentir miserable, pero tampoco podía evitarlo. Cuando llegué a casa, una vez más, se desató la locura. Una primera sensación de liberación y paz seguida de una culpa y tristeza horribles. Marco no estaba ese día en casa porque había salido con sus amigos a cenar, así que decidí tumbarme en la cama y esperar a que se pasase la sensación de incomodidad. Sabía que esa noche me iba a costar dormir por el dolor de tripa y la acidez que sentiría; lo había vivido ya muchas noches a lo largo de cinco años, por lo que sabía exactamente cómo me iba a sentir. Sin embargo, esa noche no acabaría siendo como otras noches porque algo estaba a punto de cambiar.

Pasada la media hora después del atracón me encontraba terriblemente mal. Había comido muchísimo y no quería que Marco llegase a casa y me viese hinchada, además de triste y deprimida. Estaba agotada de tener que lidiar con eso y no me veía con fuerzas ni ganas de explicarle nada de lo que sucedía. Aunque hacía un año que no me planteaba la opción, porque sabía que no podría hacerlo, decidí darle una oportunidad más a la forma de compensación más extrema que conocía: vomitar. Repetí el mismo proceso de la vez anterior y, lamentablemente para mí (digo «lamentablemente» por cómo veo la situación con el paso del tiempo y lo que acabaría provocando esa acción), conseguí vomitar. Tardé bastante rato en hacerlo, pero, cuando acabé de vomitar todo lo que acababa de comer, me sentí bien, sorprendentemente bien. Al haber vomitado todo, esa sensación de angustia por coger peso desaparecía, al igual que lo hacía la sensación de culpa. La voz del TCA que me torturaba en la cabeza por haber comido tanto se calló de repente y aplaudió lo que había hecho. Acabábamos de encontrar la solución definitiva a todos nuestros problemas. Por supuesto, vomitar no era una solución, solo era un rompecabezas que acaba de reanudarse y volverse más complejo aún; pero en ese momento lo único que yo pensaba era en que ese atracón que acaba de tener se había esfumado, y el resto me daba igual.

Cuando Marco llegó esa noche me encontró en la cama a punto de dormir. A pesar de estar más tranquila por haber conseguido vomitar, me dolía la tripa y la garganta y, obviamente, estaba muy cansada. Le saludé tímidamente y le pregunté qué tal había ido su noche, aunque pronto se dio cuenta de que no estaba bien. Al preguntarme cómo estaba no pude evitarlo y me eché a llorar. Quería contarle todo y fue algo que me planteé varias veces durante esos meses, pero cada vez que iba a decir una palabra todos mis miedos se me echaban encima. Pensaba: «¿Cómo me va a querer sabiendo lo que hago cuando estoy sola?, ¿cómo me va a aceptar si vuelvo a coger peso y no puedo pararlo?». Al igual que también pensaba que contárselo no iba a servir de nada porque sabía que, si quería darme un atracón, lo iba a hacer. Lo supiese él o no. Esa noche no sería la única que me dormiría llorando sin saber él la realidad de lo que me pasaba, pero sí que acabaría intuyendo que algo no iba bien y, peor aún, todo eso que me guardaba dentro acabaría saliendo a la luz de otra forma.

Era diciembre y llegaba el momento de volver a casa por Navidad. Marco se iría a Italia a pasar las vacaciones con su familia y yo me iría a España a una casa rural con mi familia y mis primos para aprovechar unos días de esquí. La verdad es que emocionalmente no me apetecía hacer nada porque los atracones eran recurrentes y, lo que era aún peor, había cogido el hábito de vomitar a escondidas después. Las Navidades suponían un peligro añadido con toda la comida que iba a haber, además de que sabía que no estaría cómoda si tenía un atracón y tenía que vomitar estando mi familia en la misma casa. Un par de noches antes de tener que coger el vuelo a Madrid empecé a sentir un dolor muy intenso en la zona del coxis. Notaba que se me estaba formando un bulto y me dolía horrores, así que decidí acercarme a urgencias para ver qué era lo que me pasaba. Después de más de siete horas de espera, una visita de diez minutos y un paracetamol, me mandaron a casa diciéndome que lo que tenía parecía ser una bolita de pus que se reabsorbería sola. Como yo no tenía ni idea de lo que era, decidí irme a dormir y esperar al día siguiente. Por la mañana el dolor era insoportable. Ya no podía sentarme ni dormir boca arriba y caminar empezaba a ser muy complicado. Marco cogía el vuelo ese mismo día y yo tendría que cogerlo a la mañana siguiente, pero con el dolor que tenía y sin poder sentarme empecé a plantearme que quizá no sería posible. A primera hora de la mañana, Marco me acompañó en taxi a un hospital de la zona para ver a otro médico de urgencias que me pudiese decir qué es lo que tenía. Finalmente, y tras otras cinco horas de espera, me dijeron que lo que tenía no se iba a ir con un paracetamol. Tenía un quiste pilonidal que estaba infectado, así que tendrían que abrirlo y, una vez que estuviese curado, tendría que operarse porque, si no, volvería a aparecer. Aunque ese día me iría a casa curada, no podría volar hasta dos días más tarde, de manera que tuve que cambiar el vuelo de vuelta a casa. Además, como Marco se tuvo que ir a Italia porque, si no, también perdía su vuelo, mi padre decidió coger un avión y venir hasta Berlín para ayudarme con las curas y acompañarme dos días después en el avión. La verdad es que, entre el TCA y el quiste, estaba agotada, pero tener a mi padre ahí conmigo me ayudó a pasar esos dos días lo mejor que pude antes de volver a España. Ese problema de salud sería el primero de muchos que tendría en Berlín; y, tal y como yo lo veo ahora mismo, creo que todos los achaques que tendría durante el año siguiente serían en parte una consecuencia del TCA y de mi salud en general, que seguía, poco a poco, deteriorándose.

Las Navidades tampoco fueron lo que yo esperaba. Fuimos a la casa rural, pero como había tenido la intervención hacía solo unos días y tenía que cerrarse la herida, no podía arriesgarme a esquiar. Pasaba las mañanas de excursión con mi madre, salíamos a caminar o visitábamos alguna ciudad, pero no hacíamos deporte o, al menos, no como yo quería. Una de mis formas de compensación siempre era el deporte, y tener que enfrentarme a las comidas de Navidad sin poder hacer prácticamente ningún ejercicio que no fuese caminar era una tortura mental. Mi voz del TCA me regañaba por no hacer nada, aunque al mismo tiempo yo sabía que no podía hacerlo, así que solo podía escuchar a esa voz y gestionar la culpa que sentía como podía. Una de las tardes me quedé sola en la casa, lo que derivó irremediablemente en un atracón. Seleccioné qué comer de tal manera que no notasen que faltaba demasiada comida, e intenté ocultar lo mejor que pude el vaso de leche y los platos que usé para servirme esa comida. Como veréis, lectores, después de tantos años de TCA prácticamente me había convertido en una profesional a la hora de ocultar lo que hacía. Al poco rato de terminar el atracón, llegó toda la familia de esquiar y yo solo podía pensar en una cosa: quería vomitar todo lo que acaba de comer. Me escaqueé como pude de la reunión familiar y subí a la planta de arriba para evitar que se escuchase algún ruido. A menudo, solía fingir abriendo el agua del grifo o duchándome para que el sonido del agua borrase el ruido que hacía al vomitar. Ese día, después de hacerlo, me senté en el suelo del baño y volví a llorar. A cada paso que intentaba dar para recuperarme, parecía que simplemente me metía más y más dentro del TCA, y yo sabía que la situación hacía ya mucho tiempo que se me había ido de las manos.

Me lavé la cara, sonreí mirándome al espejo para evitar que se me notase que acababa de llorar y salí a encontrarme con los demás.

2019
LA ANTESALA

La mayoría de las personas empiezan el año nuevo emocionadas por poder cambiar. Saben que tienen 365 días para reescribir su historia y ese es el mejor momento para darle un vuelco a todo aquello que no está funcionando bien. A menudo, es una ilusión, porque cambiar hábitos ya sabemos que cuesta mucho más, pero igualmente nos levantamos felices el día 1 de cada año deseando poner todas esas ideas en práctica. En mi caso, me levanté ese día 1 de 2019 con cero motivación porque sabía que ese año también iba a ser igual que los anteriores. Mi propósito durante cinco años había sido el mismo y nunca había cambiado: conseguir llegar a cincuenta y seis kilos y, por tanto, conseguir perder peso. Ya había renegado del hecho de perder peso y sabía que sería imposible llegar nunca a los cincuenta y seis kilos. Aún quería bajar algo de peso, pero por primera vez, mi propósito cambiaba, lo único que quería era conseguir acabar con los TCA. Digo «los» porque en ese momento ya había asumido que el trastorno por atracón había derivado también en bulimia y, por mucho que me disgustase, eso también era un TCA. Yo sola iba llegando a ciertas conclusiones que me acercaban a la recuperación, pero aún tendría que dar un último salto de fe que tardaría un poco más en llegar.

En el trabajo todo iba bastante bien. Trabajábamos mucho, pero también habíamos hecho un grupito Clara, Paula y yo (las tres españolas) y nos lo pasábamos muy bien. La relación con Marco también iba viento en popa. Él había conocido a mi familia en un viaje exprés que habían hecho a Berlín, y yo había conocido a la suya en un viaje a Italia que organizamos por sorpresa para el cumpleaños de Marco. También empezábamos a entendernos mejor porque él practicaba su español conmigo y yo mi italiano, así que a menudo acabábamos hablando una mezcla de ambos idiomas que solo nosotros entendíamos. Todo parecía avanzar, pero yo sentía que aún había un muro que teníamos que derribar porque, al fin y al cabo, yo tenía una doble vida de la que él no sabía absolutamente nada. Escaquearse de las quedadas con sus amigos y evitar salir a comer o cenar fuera no ayudaba, y aunque siempre encontraba una buena excusa que dar, notaba como eso le afectaba. Hablándolo con Marco pasados unos años, me dijo que él nunca se imaginó todo lo que yo pasaba, ni mucho menos lo intuía. Él pensaba que simplemente me preocupaba mucho mi aspecto físico y quería intentar ayudarme a bajar de peso porque lo único que yo le decía era precisamente eso, que quería perder peso. Además, creía que como yo estaba triste a menudo, significaba que algo no iba bien en la pareja e intentaba proponerme planes diferentes para intentar hacerme feliz. A mí todos esos planes me agobiaban aún más y al final acabábamos entrando en una espiral sin salida. Al igual que años atrás no había podido hacerlo con otras parejas, ya sabía que la comunicación era el punto de inflexión y, por tanto, sabía que para avanzar en nuestra relación tendría que contárselo, pero no podría hacerlo hasta no estar al borde del precipicio.

Un paso más

Estaba llegando el verano de nuevo y eso presagiaba que iba a ser una época difícil. Los últimos dos meses había cogido bastante peso y mirarme en el espejo simplemente era el reflejo de que los vómitos no estaban funcionando. Aun así, cada vez que tenía un atracón, intentaba vomitar, porque siempre era mejor hacerlo que enfrentarme a la culpa y al malestar físico que sentía si no lo hacía. También había tenido un par de infecciones en la boca, había cogido dos veces la gripe y estaba más débil que nunca. Mi cuerpo me decía a gritos que tenía que acabar con todo eso; pero una vez metida en la rueda, esta era imposible de parar.

Uno de los viernes que volví a casa después de un evento en la oficina y de tomar de nuevo algún que otro trozo de pizza, volví a tener un atracón. Esa noche, Marco también había salido y sabía que llegaría tarde, por lo que repetí el proceso de ir a vomitar. Sin embargo, normalmente vomitar significaba que el atracón había acabado y me iba a dormir, pero esa noche tenía más hambre que nunca. Después de un primer atracón, me quedé en la cama viendo una película, no tenía sueño y quería seguir metida en mi pequeña burbuja en la que todo se quedaba pausado gracias a la comida. Tras media hora de reposo después del primer atracón, volvía a tener hambre y, una vez más, fui directa a la cocina para ver qué podía comer. Sin darme cuenta, estaba teniendo un segundo atracón en un mismo día y mi mente lo único que pensaba mientras tanto era: «No te preocupes, después lo vas a vomitar». Cuando acabé de comer e intenté ir al baño, sorprendentemente, no pude. Tenía la garganta inflamada de la vez anterior y por más que lo intentaba solo acababa haciéndome más daño. Me asusté. Me asusté porque en ese momento vi que, si seguía así, un día acabaría pasándome algo. Me asusté porque sabía que hacía dos años jamás me hubiese imaginado haciendo lo que estaba haciendo y, sin embargo, ahí estaba. Prácticamente podía ver el precipicio por el que estaba cayendo y cómo todo lo que hacía me arrastraba cuesta abajo. Sumida en la desesperación, decidí llamar a mi madre, una vez más.

Casi dos años después, la conversación volvía a repetirse. Decidí contarle que había recaído, le comenté que los atracones volvían a ser frecuentes desde hacía unos meses y evité mencionarle la parte de los vómitos porque no quería que se preocupase más de lo que ya estaba. Me comentó que tenía que volver con la psicóloga, pero yo le expliqué que eso no iba a acabar con el TCA. En ese momento, yo era plenamente consciente de lo que me pasaba y, después de haber vivido casi seis años con ese problema, empezaba a entenderlo a la perfección. Mi problema estaba en la comida y por mucho que las anteriores psicólogas me hubiesen ayudado a mejorar en otros aspectos, el TCA seguía ahí, más fuerte que nunca. Hablando sobre ello, ambas llegaríamos a la conclusión de que lo que más podría ayudarme, y que también sería una pista de cara al futuro, era que tenía que ver a una nutricionista que supiese lo que era un TCA. Con la decisión tomada determinamos hablar al día siguiente cuando estuviese más tranquila y también me hizo prometer que hablaría con Marco, había llegado el momento de contárselo todo.

A la mañana siguiente, tal y como había prometido la noche anterior, decidí hablar con Marco. Le senté en el sofá del salón porque sabía que la conversación iba para rato y, poco a poco, comencé a contarle cómo los últimos cinco años de mi vida habían sido un verdadero infierno. Había cosas que no podía sacar a la luz, en parte porque me daban demasiada vergüenza y, en parte, porque sabía que no iba a acabar de entenderlo del todo. Con la experiencia que había tenido al contárselo a mi madre, había visto que, en cierto modo, entendían lo que era un TCA, pero no llegaban a comprenderlo del todo. Me explico. Cuando les contaba lo que había ido pasando y cómo me sentía, ellos entendían que era un problema con la comida, sí, pero básicamente creían lo que yo les decía: que el problema era que no me veía bien y que quería bajar de peso. Cuando tienes un TCA y, como me pasaba a mí, aún no te has recuperado, crees entender cuál es el problema y qué es lo que te está haciendo tanto daño; pero, claramente, no es así, porque sigues ahí metido sin poder salir. A pesar de mi experiencia y de saber que yo no podía perder peso con el TCA porque siempre lo acababa recuperando, seguía pensando que la llave para resolver todos mis problemas era estar delgada. Pensaba que, si estuviese delgada y con el cuerpo que yo quería, no tendría TCA porque me vería bien. En ningún momento se me ocurrió pensar que también había gente que estaba muy delgada y aun así no se veía bien, y, de hecho, eso también tenía un nombre además de ser un TCA: anorexia. Pese a eso, yo estaba empeñada en pensar que mi problema era mi cuerpo, en vez de mi mente, y eso era lo que les transmitía tanto a Marco como a mi madre.

Hago un inciso aquí porque esto nos va a ser muy útil para explicar por qué es tan difícil que la familia sepa cómo actuar frente a estas situaciones, y es precisamente la diferencia entre una enfermedad física y una enfermedad mental. Cuando una persona está enferma, pongamos con un cáncer, la familia, sin saber exactamente qué cáncer es, en qué estadio está o cómo tratarlo, sabe qué es lo que tiene que hacer. Ir al hospital y hacer caso a lo que digan los médicos. Acompañar en todo lo posible y ayudar según las pautas que les den. Lo mismo pasa con cualquier otra enfermedad física. Sin embargo, una enfermedad mental es muy diferente. En primer lugar, cuesta muchísimo identificarla porque la persona que la padece siempre te dirá que es imposible que la tenga, a no ser que ya esté verdaderamente mal como para saber que algo pasa. En segundo lugar, tanto en un TCA como en una depresión o un trastorno similar lo primero que se intenta es resolverlo uno mismo, y en caso de no poder se va a un psicólogo o psiquiatra (en el mejor de los casos), porque se le quita importancia. Lamentablemente, y no solo por mi propia experiencia, sino por la experiencia que he escuchado de muchos pacientes de TCA, la atención sanitaria pública para pacientes de TCA en nuestro país es bastante pésima, por decirlo de algún modo. Me he encontrado personas a las que les han dicho que ocultasen todo tipo de alimentos que les producen atracones para evitar tenerlos. Personas a las que les han dado antidepresivos y las han mandado a casa, al igual que personas a las que se les ha dicho que simplemente tienen que perder peso. En fin, que me desvío. Resumiendo, lo que quiero decir es que con una enfermedad mental cuesta mucho que tu familia sepa lo que hacer, y, en caso de que lo sepan y te lleven al médico, hay muy pocas posibilidades de que esa sea la cura definitiva. Por eso, precisamente, decidí escribir este libro.

Volviendo a la historia y a ese momento de sacar a la luz la verdad, le comenté a Marco que ya sabía cuál era la solución y que lo había hablado con mi madre y le parecía bien: iba a contactar con una nutricionista para que me ayudase a perder peso, pero que supiese que tenía un TCA. A Marco le pareció buena idea lo que le comentaba porque, como he dicho antes, entendía que el problema era que no podía bajar de peso, así que me dijo que él me apoyaría en todo lo necesario y que estaría ahí conmigo durante todo el proceso.

Tardé un par de días en encontrarla, pero finalmente di con ella. Contacté con una nutricionista italiana que vivía en Berlín y que también hablaba español. En su página web especificaba que su programa no era hacer simplemente una dieta, sino hacer las paces con la comida (no especificaba que estuviese especializada en TCA y quizá ese sería el error, pero aseguraba que con su programa se podía alcanzar la pérdida de peso —lo que yo más quería— y comer de forma intuitiva sanando tu relación con la comida). En ese momento pensé que tenía que ser ella. Contacté con ella por e-mail y reservé mi primera cita para la siguiente semana.

El día de la consulta recuerdo estar nerviosa. Tenía ganas de comenzar un nuevo plan, pero, sobre todo, de ver cómo iba a recuperarme finalmente del dichoso TCA. Estaba dispuesta a contárselo todo. Llamé a la puerta y sonaron unos pasos. Tras unos segundos la puerta se abrió y me encontré de frente a ella.

—Hola, ¿cómo estás? —me saludó la nutricionista enérgicamente.

—Hola, bien, un poco acalorada de la bici. —Había ido en bici desde el trabajo y, como no quería llegar tarde, tuve que acelerar y casi me quedé sin aliento.

—Ven, pasa, puedes sentarte aquí —me dijo, señalando la silla que había frente a su escritorio.

—Muchas gracias —respondí mientras me acomodaba.

—Bueno, Olga, cuéntame qué es lo que te trae por aquí.

Uf. Por dónde empezar. Como la consulta duraba media hora tenía que ser breve, así que empecé diciéndole que quería perder peso, pero explicándole también que tenía un TCA y que eso me impedía bajar de peso. Tal y como yo lo veo ahora y como profesional especializada en esto, eso tendría que haberle hecho saltar las alarmas y debería haberme derivado a otro profesional o decirme que ella no tenía los recursos para tratarme, pero claramente no fue así.

—Te entiendo. Al final necesitas unas guías que te ayuden a perder peso sin que sea una pauta muy restrictiva —resumió ella.

—Sí, eso es. —Yo afirmaba pensando que eso era precisamente lo que necesitaba, pero no tenía ni idea de que, aunque diferente, solo me estaba metiendo en otra dieta más.

—Perfecto, vamos a empezar tomando tus medidas corporales para ver cómo estás. Túmbate aquí.

Me tumbé en una camilla que había al otro lado de la habitación mientras ella me ponía unos parches para medir mi composición corporal. Después de unos segundos me dijo que podía levantarme y acabó pesándome en una báscula. Mientras me ponía de nuevo los zapatos mi voz del TCA atacaba desde un rincón de mi cabeza. Pesaba bastantes más kilos de los que pensaba cuando me subí a la báscula, y mi porcentaje de grasa corporal indicaba que tenía sobrepeso. Yo ya sabía que había engordado, pero verlo reflejado en la báscula y saber que eso estaba afectando a mi salud me deprimía aún más y me convencía de que había tomado la decisión correcta.

La nutricionista comenzó a explicarme mis valores corporales y me mandó una gráfica a mi e-mail con todas esas medidas.

Cada vez que nos viésemos, me pesaría y veríamos cómo habían mejorado esos valores. También me dijo que la pauta sería muy simple y que podría comer pasta, arroz y patatas en las cantidades que ella me pusiese, así como tener dos comidas libres para comer lo que quisiese. Yo estaba motivadísima y deseando comenzar. Hacía muchísimo tiempo que no me permitía pasta o arroz en mi alimentación del día a día, solo lo hacía cuando tenía atracones, así que parecía que esa chica entendía lo que hacía (o eso creía yo). Acabó la consulta diciéndome que me mandaría el plan nutricional una semana después de nuestra cita y nosotras nos veríamos un mes después. Muy contenta por todo lo que estaba por llegar, le agradecí por su tiempo y volví camino a casa.

Tras una semana que pasó muy lenta y de nuevo con atracones de por medio, recibí el tan esperado plan nutricional. La pauta estaba dividida en tres secciones: desayunos, almuerzos y meriendas, y una tablita con comidas y cenas para seis días. Tanto los desayunos como los almuerzos y las meriendas traían una lista de cuatro a cinco opciones que podía ir alternando. Los desayunos incluían tostadas, avena y yogur con muesli, todo ello con gramos de pan o hidratos, gramos de proteína y gramos de grasa. La merienda y el almuerzo eran similares, con cuatro opciones que también incluían pan, batidos de proteína que yo ya tomaba y fruta con chocolate negro, de nuevo con cantidades pesadas. Finalmente, comidas y cenas. En las comidas y cenas siempre podía tomar hidratos si me ceñía a la cantidad de gramos pautada, así como carne y pescado, también siguiendo los gramos especificados. Eso sí, tenía libertad para comer toda la verdura que quisiese y tendría mis dos comidas libres a la semana (tal y como yo pensaba en ese momento, un lujo). Tras leer todo el plan, me sentí verdaderamente feliz. Para mí ese plan significaba libertad, porque cada vez que me había planteado hacer una dieta y bajar de peso nunca incluía cosas como arroz, tostadas o chocolate negro; pensaba que todo eso no podía entrar en una dieta y, sin embargo, sí que podía. Además, cuando no tenía atracones, hacía mucho deporte y sabía que, si de verdad me ponía estricta con mi plan de ejercicios, podría bajar de peso bastante rápido. Con todo claro y la pauta nutricional impresa, empecé a seguir el menú a rajatabla.

Un respiro

Julio era uno de los mejores meses para disfrutar de Berlín. Los días eran larguísimos, amanecía sobre las cinco de la mañana y atardecía alrededor de las nueve de la noche. Había días de sol, pero no hacía ese calor intenso que teníamos en España y que no te permitía salir de debajo del aire acondicionado. En Berlín, los fines de semana los pasabas alrededor de la ciudad, tomando cervezas en un Biergarten o disfrutando de los mercadillos ambulantes de cada barrio. Berlín en verano era una maravilla. Mi cumpleaños ya había pasado y lo había celebrado haciendo un viaje cerca de Dresden con Marco, mi madre y mi hermana. Habíamos hecho uno de mis planes favoritos: ir a caminar y hacer rutas de senderismo por un parque nacional. También me habían regalado algo que me hacía muchísima ilusión y que había pedido expresamente: un reloj inteligente con el que podía medir las calorías que quemaba, los pasos que daba y cuánto dormía. Ese reloj iba a ser el complemento perfecto para mi pérdida de peso. Gracias al reloj, sabía cuántas calorías quemaba a lo largo del día y, como sabía cuántas calorías tenía la dieta de la nutricionista, entendía perfectamente que tenía que quemar de 700 a 800 kcal diarias para perder peso como yo quería.

Hago un inciso para mencionar que todo esto eran ideas y cálculos que yo sola hacía en mi cabeza. Mi único objetivo era perder peso y quería conseguirlo costase lo que costase. Básicamente, y para que os hagáis una idea, queridos lectores, esas 700-800 kcal significan correr unos diez kilómetros al día o hacer un entrenamiento de cardio y fuerza de una hora en el gimnasio más andar unos diez mil pasos diarios, es decir, era una rutina muy intensa, incluso para mí.

Yo estaba contenta porque los atracones habían parado desde que había empezado con el plan nutricional de la nutricionista. La pauta que estaba siguiendo me gustaba porque podía comer cosas que me encantaban, como la pasta, y, además, tener dos comidas libres en las que podía comer lo que quisiese me ayudaba a mantenerme motivada. También había recibido halagos de Marco y de mi familia, me habían dicho que me veían mejor. Yo sabía que estaba perdiendo peso por las fotos que me iba haciendo del antes y del después, aunque me quedaba bastante por perder (como veis, nunca estaba satisfecha). Aun así, estaba feliz porque parecía que el plan funcionaba, y la semana siguiente sabría exactamente cuánto.

El día que me tocaba la primera revisión con la nutricionista decidí no desayunar. Había reservado la consulta en la pausa de la comida del trabajo, así que preferí ir en ayunas para que el peso no mostrase una comida que aún no habría podido digerir. Llegaba con hambre a la consulta, pero me motivaba saber que de esta manera podríamos ver exactamente cuánto había perdido durante el primer mes. Al llegar, repetimos el proceso de la última vez. Me tumbó en la camilla, me colocó los parches y después de unos segundos me pesó en la báscula. Los resultados eran increíbles. En un mes había perdido tres kilos y medio, y mi porcentaje de grasa había bajado considerablemente. Yo estaba feliz y mi voz del TCA estaba dando saltos de alegría dentro de mí. La nutricionista me dio la enhorabuena y me comentó que me mandaría otro plan nutricional para seguir el siguiente mes. Si seguíamos así, en un par de meses más habría llegado a mi objetivo. Motivada por seguir bajando de peso, me despedí de ella y volví a la rutina.

Después de otra semana de espera, recibí el segundo plan nutricional. Aunque estaba contenta por tener otro plan que seguir, me defraudó ver que era un plan muy similar al anterior. Llevaba un mes comiendo y cenando lo mismo cada semana y comenzaba a aburrirme esa rutina. El nuevo plan cambiaba alguna pequeña cosa, pero mis opciones para combinar ciertos alimentos seguían siendo escasas. Básicamente, mis comidas se componían de un plato de arroz, pasta, quinoa o patatas, carne o pescado y la verdura que yo quisiese. Aunque me gustaba el plan, empezaba a querer hacer otros platos, me apetecía hacer recetas que veía en redes sociales, pero que, según el plan, no podía hacer porque ninguna se ajustaba a las medidas que me había puesto la nutricionista. De hecho, le mandé un e-mail con un par de sugerencias y varias preguntas sobre cómo podía adaptarlo para que pudiese variarlo un poco más, y su respuesta fue la siguiente:

«Hola, Olga, entiendo que la dieta aburre después de un tiempo; desafortunadamente, no hay mucho espacio para la creatividad cuando se trata de perder peso. He cambiado el plan lo máximo posible en función de tus gustos. Un saludo».

Aunque la respuesta no me convenció del todo, tenía que hacerle caso porque, en realidad, el plan había funcionado. Me convencí de que tenía que seguirlo un par de meses más y después podría volver a comer lo que yo quisiese, así que con esa idea comenzaría el nuevo plan igual que el mes anterior. Sin embargo, y tal y como pasa en todas las dietas, mi motivación empezaba a flojear y con ella se tambaleaban todos los cimientos que había construido el último mes, y que me hacían pensar que estaba acabando con el TCA.

Ese siguiente mes con la nueva pauta pasó más lento de lo normal. Ya no estaba tan motivada como el primer mes y empezaba a hacerse cuesta arriba el hecho de tener que comer lo mismo cada semana. Había varios días que me había permitido más comida de lo habitual, y aunque intentaba respetar mis dos comidas libres a lo largo de la semana, de vez en cuando salía a comer fuera para variar la pauta un poco. Intentaba comer lo más sano posible o seguir el menú en relación con las cantidades que ponía, pero comiendo fuera era más difícil calcular las porciones. Seguía sin tener atracones, pero mi obsesión por perder peso aumentaba día a día. Ahora me hacía fotos no solo cada semana, sino varias veces por semana, e intentaba compararlas con los días anteriores para ver si notaba la diferencia. Me había prometido no pesarme hasta ver a la nutricionista, y seguía intentando que las calorías que quemaba y la dieta que seguía se ajustasen lo máximo posible a lo que me había marcado. También había incorporado una nueva rutina matutina a mi día a día. Ahora me levantaba a las cinco de la mañana, escribía en un diario durante veinte minutos, iba a correr o al gimnasio durante una hora y a la vuelta desayunaba, leía un libro y me vestía para ir a trabajar. Para levantarme a esa hora, tenía que acostarme a las diez de la noche y, por tanto, no me quedaba demasiado tiempo para hacer vida con Marco. Aun así, él admiraba mi constancia y determinación e intentaba seguirme el ritmo como podía. Parecía que seguir esa rutina me hacía feliz, y él no iba a interponerse en ella.

Aunque volvía a adentrarme en el círculo vicioso de la restricción, la obsesión y el control, ese mes haría un viaje que supondría una gran alegría para mí. Después de muchos años sin viajar juntos, mi padre, mi hermana y yo habíamos decidido ir a Londres para conocer la ciudad. Yo aún no había estado y, además de las ganas que tenía por verla, volver a disfrutar los tres juntos de un viaje era algo que me hacía especial ilusión.

Aunque fueron solo cuatro días, los disfruté como unas largas vacaciones y, por primera vez en mucho tiempo, pude desconectar de la dieta y centrarme en visitar y conocer esa maravillosa ciudad. Comimos el famoso *fish and chips*, llegamos a Picadilly Circus y nos acercamos a ver el andén nueve y tres cuartos de *Harry Potter* (como gran fan que soy, es de lo que más disfruté). A pesar de que mi obsesión por el ejercicio continuaba (seguía fijándome en los pasos que dábamos a diario e incluso me alegraba cuando caíamos en el hotel muertos de agotamiento, porque eso significaba que habíamos hecho mucho deporte), ese viaje a Londres supuso un antes y un después en la relación que teníamos con nuestro padre. Tanto a mi hermana como a mí nos ayudó a sanar finalmente todo lo que llevábamos arrastrando desde hacía años.

Ya de vuelta en Berlín y pasado otro mes de la rutina y la pauta nutricional, tocaba la siguiente revisión con la nutricionista. Esta vez tenía miedo porque sabía que, a pesar de todos mis esfuerzos, no había podido seguir el plan tan a rajatabla como la primera vez. Esperaba que el deporte que había hecho y mi nueva rutina matutina compensasen las comidas extras que había tenido fuera de casa y me diesen una alegría. Lamentablemente, no fue así. Cuando me pesó, vimos que había perdido peso, sí, pero en vez de perder tres kilos y medio, como la vez anterior, había perdido únicamente un kilo en todo el mes. Mi cabeza empezaba a hacer cálculos rápidamente y mi voz del TCA se ponía manos a la obra para avivar el fuego que se nos venía encima. Eso significaba que no lo había hecho lo mejor posible y que tendría que estar otros dos meses más con la pauta si quería conseguir mi objetivo. La nutricionista intentó animarme y me dijo que no pasaba nada, que era normal tener algún bajón y que ahora empezábamos de cero de nuevo. Sin embargo, mi motivación estaba por los suelos. No me veía capaz de seguir otro plan igual dos meses más y, con lo poco que había perdido esa vez, tendría que aumentar también el deporte que hacía, aunque no sabía cómo porque no tenía muchas más horas en el día. Con todas estas ideas revoloteando en mi cabeza y pensando cómo iba a hacerlo para que fuese efectivo, cogí la bici y pedaleé camino del trabajo.

Esa tarde volví a casa cansada. No solo físicamente, que también, sino mentalmente por toda la paliza y el machaque mental que llevaba dándome todo el día. Por un lado, me culpaba por no haberlo hecho bien y, por el otro, intentaba buscar soluciones para remediar la caída en picado. Toda esa frustración tenía que pagarla con algo y solo había una forma que pudiese calmar la ansiedad que llevaba encima: comer. A pesar de que era lo último que quería hacer, no pude evitar ponerme una tostada de pan con aguacate y salmón para merendar. Solo quería comer algo y apagar todos esos pensamientos que martilleaban constantemente mi cabeza. Claramente, esa tostada no fue suficiente. Dos horas después me había comido cinco sándwiches con pavo y queso, un paquete de galletas que estaba sin abrir en la despensa y un bote entero de crema de cacahuete. Tenía la boca pastosa y me costaba respirar de lo llena que estaba. Empecé a beber agua porque sabía que eso me ayudaría en el siguiente paso, y después de diez minutos me fui a vomitar. Toda la rabia y angustia que sentía por no haber podido seguir el plan solo acababan de multiplicarse por diez. Sin darme cuenta, mi voz del TCA volvía a convencerme de que la culpa era mía y de que podía controlarme si así lo quería. Había podido estar dos meses sin atracones y podría volver a hacerlo, solo tendría que ser más estricta para que no volviese a pasar.

Por otro lado, mi relación con Marco seguía su propio cauce. A pesar de tener nuestros momentos mejores y peores, tener a una persona a mi lado que me apoyaba y me quería, me mantenía a flote dentro del caos que tenía en mi vida. No le había contado la recaída que había tenido por vergüenza a lo que pudiese pensar, así que intentaba aparentar que todo iba bien; a pesar de que todo, desde ese día, empezaría a ir muy mal. Marco llevaba cinco años en Berlín y ya estaba cansado de la ciudad y de su trabajo. Habíamos hablado de la posibilidad de irnos juntos a España y buscar trabajo allí, pero yo aún quería disfrutar un poco más de la ciudad y sabíamos que encontrar los dos un trabajo en España al mismo tiempo iba a ser complicado. Marco había hecho alguna que otra entrevista en España, pero no había obtenido respuesta y, en verdad, ninguno de los dos teníamos cien por cien claro cuándo nos queríamos mudar. La idea era que el año siguiente podríamos ir mirando nuevas posiciones de trabajo juntos y quizá contemplar la posibilidad de mudarnos a Madrid.

A finales de verano, organizamos nuestro primer viaje largo juntos y decidimos irnos durante tres semanas a recorrer Vietnam y Camboya. La verdad es que viajar, y hacerlo con él, era algo que me encantaba. No solo por lo bien que lo pasábamos juntos, sino porque nos gustaba mantener la rutina de deporte y a mí me ayudaba a no tener atracones porque estábamos siempre juntos. El último día antes de volver de las vacaciones, Marco recibió una llamada de teléfono. Era una de las empresas con las que había estado hablando sobre una posición de trabajo en Barcelona y le comentaban que el puesto era suyo. La verdad es que la noticia nos pilló por sorpresa, pero Marco tenía claro que quería vivir en España conmigo y eso le acercaba más a ese sueño. Lo único era que hasta que yo decidiese mudarme también, estaríamos viviendo a distancia.

Nunca he tenido nada en contra de las relaciones a distancia, pero sabía que no era lo que yo quería para un largo periodo de tiempo. Marco y yo congeniábamos fenomenal viviendo juntos y así había sido desde el primer día en el que nos conocimos. Nunca habíamos vivido separados y tampoco sabíamos comunicarnos de esa forma, pero creíamos que, si podíamos estar bien viviendo juntos, que era lo más difícil, podríamos llevar bien la distancia. Aun así, ambos teníamos claro que esa situación sería temporal, aunque yo sentía presión porque, como él acababa de empezar en un nuevo trabajo, seguramente sería yo la que tuviese que decidir cuándo mudarme a España. Lo habíamos hablado y era algo que contemplaba, pero aún no tenía ni idea de cuándo se haría realidad. Al volver de Vietnam organizamos juntos su mudanza, y en menos de un mes Marco se había trasladado a Barcelona y yo había empezado a vivir con Paula.

3
LA CLAVE
DE TODO

2020

Llegada de lo inesperado

Imaginaos por un momento que alguien os dice que vais a pasar los siguientes seis años de vuestra vida en una situación que no os hace felices. Ahora imaginad que también os dice que, durante esos seis años, no vais a saber que vais a poder salir de esa situación. Durante seis años reviviréis los mismos sentimientos y la misma desesperación, una y otra vez, sin ver un fin cercano. Os parecería una tortura, ¿verdad? Eso exactamente es lo que yo vivía día a día.

Comenzábamos otro año más y con él la perspectiva de que todo en mi vida seguía absolutamente igual. Los atracones habían vuelto para quedarse. No eran tan recurrentes como otras veces, pero lo suficiente como para desestabilizarme física y mentalmente. Cada vez que tenía un atracón, intentaba volver al punto de partida e iniciaba de nuevo el plan nutricional. Había parado las revisiones con la nutricionista porque no quería ir a verla para que me dijese que no había bajado de peso y que eso me desestabilizase aún más, así que seguía en el mismo punto de partida que años anteriores. Dieta. Atracón. Dieta. Atracón. Y así sucesivamente.

Al mismo tiempo, la relación con Marco tampoco estaba en su mejor momento y eso me torturaba mucho más. Habíamos pasado las Navidades en España y había venido su familia desde Italia para estar todos juntos en esas fechas tan señaladas. Ambas familias se habían conocido y habían congeniado sin problemas, lo que estabiliza aún más la relación. Sin embargo, aunque estábamos fenomenal cuando estábamos juntos, apenas nos separábamos comenzaban los problemas. Tanto Marco como yo habíamos aprendido a entendernos el uno al otro viviendo juntos y, por tanto, cuando teníamos algún problema, era fácil encontrarnos en casa y hablarlo por la noche. Ahora que él estaba en Barcelona y yo en Berlín, nos costaba mucho más sacar esos ratos para hablar, y a eso se sumaba el hecho de que yo no le contaba nada de lo que estaba pasando con los atracones. Él me notaba mal al hablar por teléfono y pensaba que el problema era de la relación, mientras que yo me agobiaba por no poder explicarle lo que estaba sucediendo y no poder prestarle la atención que él necesitaba. Básicamente era una pescadilla que se mordía la cola y, una vez más, la vida me enseñaba que la comunicación era la clave. Aun así, ambos queríamos seguir adelante, pasase lo que pasase.

En febrero era el cumpleaños de Marco, así que decidimos organizar un viaje a París para celebrarlo e intentar reconducir la situación. La idea era pasar unos días por la capital, ya que Marco no la conocía, para después ir a Disneyland, que era algo que a mí me hacía especial ilusión. La idea de viajar a París juntos nos hacía más fuertes y nos animaba a tener algo por lo que estar ilusionados hasta que llegase la fecha. Al final, una relación a distancia era eso, tener un punto futuro común al que mirar cuando esa distancia empezaba a pesar en la pareja. Marco esperaba con ilusión la fecha del vuelo, mientras yo, básicamente, intentaba seguir avanzando día a día.

Si os dais cuenta, lectores, este punto en la historia os recordará algo. Precisamente viví una situación parecida con Andrés y, en su momento, también la había vivido con Iván. La falta de comunicación empezaba a hacer estragos en nosotros. Yo creía que mis problemas de comunicación habían mejorado muchísimo tras mis últimas relaciones, y aunque sí lo habían hecho, porque con Marco había compartido cosas que nunca me imaginaba llegar a compartir con una pareja, no atreverme a decirle que tenía recaídas frecuentes me alejaba mucho más de él de lo que yo pensaba. Con cada recaída me iba metiendo más y más en mi propia burbuja, y esa burbuja, tarde o temprano, acabaría explotando.

París, nos volvemos a ver

Era viernes a mediodía y en unas horas tendría que dirigirme en metro al aeropuerto para coger el vuelo camino de París. Tenía la maleta hecha y las cosas preparadas, solo me faltaba el plan de acción para el aeropuerto. Como ya me había pasado en otras ocasiones, ir al aeropuerto sola a menudo significaba tener un atracón. Entre el tiempo que tenía que esperar para el embarque y el tiempo de vuelo en el que no tenía nada que hacer, siempre acababan por llegar las ganas de darme un atracón. Esta vez era consciente de la situación y sabía que no podía ir con hambre al aeropuerto porque así solo estaba preparándome para la catástrofe. Había conseguido identificar que al tener hambre no podía controlarme como yo quería, y eso hacía que lo más probable que ocurriese fuese que no pudiese parar de comer. Decidí comer la comida que me tocaba siguiendo la pauta de la nutricionista y después me preparé un bocata para tomarme como merienda-cena en el avión. Con todo listo, me dirigí camino al aeropuerto de Tegel en Berlín.

Eran las ocho de la tarde. Ya había pasado los controles de policía y me quedaba una hora de espera antes de que saliese el vuelo. Si todo iba bien, llegaría alrededor de las doce de la noche a París y de ahí solo tendría que coger un taxi camino al hotel donde me esperaba Marco. Nada más pasar el control de policía, empecé a dar vueltas intentando encontrar algo que hacer durante la hora de espera que me quedaba. Paseé por el *duty free* del aeropuerto y hojeé un par de revistas en inglés, también fui a ver algunas tiendas, pero no había mucho que cotillear, así que finalmente decidí sentarme en la sala de espera de mi puerta de embarque esperando a que nos llamasen por megafonía para embarcar. Como yo imaginaba, empezaba a tener hambre porque no había merendado y casi era la hora de la cena en Berlín, así que saqué el bocata que me había preparado para tomármelo mientras esperaba. Al mismo tiempo, decidí ver algo en el ordenador para amenizarme el rato mientras una voz en mi cabeza empezaba a intentar convencerme de que lo que yo quería era darme un atracón. La lucha de siempre se repetía en mi cabeza:

«Olga, come más, sabes que quieres», decía mi voz buena en la cabeza.

«No, Olga, no deberías comer más. Cómete el bocata con calma y ya espérate a mañana. No puedes darte un atracón», contestaba la voz del TCA.

«¿Cómo que no puedes? Sabes que sí puedes si tienes hambre», contraatacaba la otra voz.

«No te dejes convencer, sabes que luego te vas a arrepentir del atracón y vas a querer volver a este momento. Vas a engordarlo todo».

«No te arrepentirás, hazme caso. Lo que más necesitas ahora es comer, y eso precisamente es lo que tienes que hacer».

«Si lo haces, habrás fracasado con la dieta y tendrás que volver a empezar. Además de que vas a estar en París y ahí no vas a poder seguirla. Tienes que controlarte». Mi voz del TCA chillaba desde dentro furiosa.

El intercambio de opiniones entre mis dos voces era tal que parecía un combate de boxeo en mi propia cabeza, con un número de rondas infinito. La lucha de pensamientos era tan agotadora que a menudo sucumbía a los atracones solo para que se callasen. Sabía que mientras comía todos esos pensamientos se iban y me dejaban tranquila, aunque fuese solo durante un corto espacio de tiempo. A veces la lucha duraba horas y otras veces, si estaba cansada o simplemente había tenido un mal día, sucumbía en la primera ronda. Esa vez caería en la tercera ronda.

Tras tomarme el bocata y poder resistir media hora, decidí comer algo más. Me levanté del sitio y fui a una de las barras del aeropuerto a pedir otro bocata y un dulce para tener provisiones en el avión. No quedándome satisfecha y sabiendo que aún tenía dos horas de vuelo por delante, me compré un bote enorme de M&M's del *duty free* (algo que ya era recurrente en mis viajes). Os podréis imaginar cómo fueron las siguientes horas en el avión. Me dediqué a comer todo lo que había comprado mientras veía una serie que había descargado en mi portátil e intentaba ocultar todo lo que estaba comiendo a mis compañeros de fila. Me daba vergüenza lo que pudiesen pensar, así que comía a escondidas pegada a la ventanilla del avión. Tras dos horas y media de vuelo, finalmente aterrizamos en París. A mi llegada, pensé en ir directa al taxi de camino al hotel; pero, cuando empecé a caminar por la terminal de Charles de Gaulle, me di cuenta de que estaba increíblemente llena. Tenía la tripa hinchada y el pantalón me apretaba tanto que me dejaba una marca en la cintura. Empezaba a notar el reflujo por haber comido muchísima comida y como mi estómago me pedía a gritos un respiro.

Tras años de atracones, vómitos y restricciones, mi tripa empezaba a dar señales de que no estaba bien. Mis digestiones cada vez eran más pesadas y era común que me hinchase bastante tras las comidas (incluso cuando no había atracones). Con los años descubriría que eso que me estaba pasando era que estaba desarrollando colon irritable, una consecuencia muy común de los TCA.

Mientras caminaba en dirección a la parada de taxis, me di cuenta de que no quedaba nadie en el aeropuerto. Como eran las doce de la noche, prácticamente estaba vacío y la gente que llegaba de los últimos vuelos se iba directamente a su casa (como era lógico). Ese era el momento perfecto.

Me acerqué al primer baño de la terminal que encontré, deseando que estuviese vacío para poder vomitar. No había nadie, pero los baños tenían una abertura debajo de la puerta por la que se oiría absolutamente todo, así que no podía hacerlo ahí. Seguí caminando por la terminal y bajé una planta más. Se suponía que esa planta estaba reservada para la llegada de algunos vuelos, pero ya no quedaba nadie ahí. Me dirigí de nuevo a los baños de esa planta y me topé con un aseo para discapacitados que tenía una puerta que se podía cerrar por completo. Entre, cerré con seguro y empecé la misma operación de las otras veces. Me hice una coleta, me quité el jersey que llevaba y empecé a intentar vomitar. Mientras intentaba provocarme el vómito no podía parar de preguntarme qué narices hacía con mi vida. Había llegado a París para reencontrarme con mi pareja. Cualquier persona estaría feliz de llegar al hotel y pasar esos días de ensueño por la ciudad y, sin embargo, yo estaba encerrada en el baño de una terminal vacía intentando vomitar. Tras veinte minutos intentándolo, no lo conseguí, así que a la culpa que ya

sentía por el atracón tenía que sumarle la angustia de no haberlo podido compensar y lo mal que me sentiría físicamente esa
noche y, por consiguiente, la mañana siguiente. Me odiaba por
lo que había hecho y, efectivamente, deseaba poder retroceder
unas horas en el tiempo, pero eso no era posible. Intenté recomponerme. Me lavé la cara, que volvía a estar hinchada y roja.
Saqué el neceser de la maleta y me lavé los dientes. Cuando estuve un poco mejor volví a maquillarme y, finalmente, salí del
baño camino al taxi que me llevaría al hotel. Al llegar, Marco me
estaba esperando y estaba radiante de felicidad por verme. Yo,
por el contrario, solo pude decir que estaba muy cansada y que
necesitaba dormir. Esa noche me dormiría, una vez más, llorando en silencio.

A pesar del inicio del viaje, intenté disfrutar de París lo
máximo posible. Aunque mi peso y la comida seguían siendo
una preocupación constante, intentaba centrarme en enseñar
mis rincones favoritos de la ciudad a Marco y tratar de aprovechar el tiempo que pasábamos juntos. Paseamos por las calles
iluminadas de París, visitamos la torre Eiffel, la basílica del Sa-
cré Cœur y recorrimos la Ópera Garnier. Le enseñé mis cuadros impresionistas favoritos e incluso comimos algún que otro
crep (toda una hazaña para mí). También disfrutamos como
niños de Disneyland Paris, montamos en todas las atracciones
posibles e incluso saludamos a Mickey Mouse. Tras un fin de
semana de reencuentro que nos había unido temporalmente,
tocaba volver a nuestras respectivas ciudades, y aunque ya habíamos planeado volver a vernos pronto, nunca nos imagina-

mos que esa sería la última vez que nos veríamos antes de que todo el mundo cambiase por completo.

Marzo de 2020

Mi madre me había llamado dos días antes preguntándome si había visto las noticias. Como nosotras no teníamos televisión en casa, no tenía ni idea de lo que me estaba diciendo. Al parecer, había un virus en China que se estaba contagiando rapidísimamente y la gente empezaba a estar preocupada por ello. En Berlín todo estaba tranquilo, por el momento. Nadie había comentado nada sobre un virus en la oficina y todos los supermercados estaban llenos de comida, a pesar de que alertaban sobre la posible escasez de algunos productos. Tanto Paula como yo estábamos tranquilas, pensábamos que, fuese lo que fuese, no podría llegar a Europa.

En el trabajo las cosas habían empezado a deteriorarse y yo ya estaba muy pero que muy saturada. Tras varios meses con una carga de trabajo enorme, cambios estructurales de equipo y poca proyección para crecer en la empresa, sabía que me quedaba poco tiempo allí. Había decidido que iba a dejar el trabajo y que, seguramente, buscaría otra cosa en Madrid. Aunque Berlín me seguía gustando como ciudad, Marco estaba en Barcelona y yo necesitaba tener a mi familia cerca, así que la idea de volver a España cada vez cogía más fuerza.

A mediados de marzo ya había tenido un par de entrevistas

con una empresa española, pero el proceso era tan lento que había decidido entregar mi dimisión con un mes de preaviso y usar ese tiempo para cerrar el proceso con la nueva empresa o buscar otro trabajo. La semana en la que presenté mi dimisión todo empezó a cambiar repentinamente. El lunes habían anunciado por televisión que el virus de China había llegado a Italia y que estaba empezando a colapsar los hospitales del país. El martes comentaban que ya había varios casos del virus por Europa y, por tanto, tenía pinta de que pronto se expandiría al resto de ciudades. El jueves de esa semana, en los supermercados empezaron a escasear algunos alimentos y costaba encontrar productos básicos como el aceite o el papel higiénico. Paula y yo recibíamos llamadas de nuestros familiares diciendo que la cosa se estaba poniendo muy fea y nos comentaban que, si queríamos volver a España, teníamos que hacerlo pronto. Paula seguía trabajando para la empresa y no podía irse porque no habían instaurado completamente el teletrabajo. Sin embargo, a mí me quedaba un mes de trabajo únicamente y no parecía que las fronteras fuesen a aguantar abiertas un mes más. Ese viernes salí de la oficina después de hablar con recursos humanos decidida a irme de Berlín la semana siguiente. Como no sabíamos lo que iba a pasar, habíamos acordado que trabajaría a distancia el resto del mes y después mandaría el ordenador por correo.

Ese mismo sábado, me levanté con varias llamadas perdidas en el móvil y un mensaje preocupante de mi madre diciendo que la llamase. Cuando pude hablar con ella me comentó asustada que las fronteras iban a cerrar y que no sabía si aguantarían ese mismo fin de semana. Llamé a las aerolíneas que pude intentando averiguar si había vuelos a Madrid la semana siguiente, pero todo lo que recibía eran respuestas abiertas porque nadie tenía ni idea de lo que iba a pasar. Con la preocupación de no saber si podría volar en el caso de que me quedase varios días más en Berlín, decidí comprar un vuelo a España esa misma tarde y empaquetar, gracias a la ayuda de Paula, todo mi piso en menos de ocho horas. Creo que no he hecho una mudanza más rápido en mi vida. Tras tenerlo todo en cajas y acordar con una empresa de mudanzas que se pasasen a recogerlas el lunes siguiente para enviarlas a España, yo cogería un vuelo con dirección a Madrid sin fecha de vuelta.

Por otro lado, Marco estaba viviendo una situación similar, solo que desde Barcelona. Había recibido una increíble oferta de trabajo de una empresa italiana con sede en Milán y había decidido cogerla. Él se trasladaba a la ciudad de la moda italiana, mientras que yo volvía a España y, por tanto, nuestros caminos se alejaban un poco más.

La cuarentena

Llegué a España con una sensación agridulce. Por un lado, se me hacía difícil haber cerrado toda mi etapa en Berlín en menos de un día y sin ni siquiera haber podido despedirme de mis amigos o de mis compañeros de trabajo y, por otro lado, estar en casa con mi madre y mi hermana me permitía hacer algo que llevaba muchísimo tiempo pensando y que me daba verdadero miedo: dejar de hacer dieta.

Tras la recaída que había tenido en París, había llegado a la conclusión de que no podía seguir así, y aunque me daba muchísimo miedo dejar de compensar los atracones con dietas, sabía que no me quedaba ninguna otra opción por probar. Había escuchado varios pódcast en inglés de otras personas que parecía que habían podido acabar con el problema y todas coincidían en lo mismo: mientras compensase los atracones con dietas no iba a poder acabar con el TCA. Con la cuarentena llegaba el momento perfecto de intentarlo. Iba a estar varios meses con mi familia y eso significaba que tenía la oportunidad de comer exactamente lo que ellas comiesen. Sabía que, si tenía que hacerlo yo sola en casa, no iba a poder, porque siempre acababa preocupándome por mi peso y queriendo restringir la comida, así que si quería hacerlo era ahora o nunca.

Con esa nueva mentalidad me propuse dos objetivos que cambiarían completamente mi relación con la comida para siempre. El primero, dejar de hacer dieta, es decir, dejar de prohibirme alimentos y empezar a comer absolutamente de todo. El segundo, no pesarme. Sabía que si me pesaba y veía que había cogido peso, querría volver a hacer dieta en menos que cantaba un gallo, así que, aunque me viese mal en el espejo, me prometí que no iba a pesarme y que por una vez en seis años intentaría mantener un plan diferente al que había hecho durante todo el TCA.

Las primeras semanas de esa «nueva normalidad» fueron lo

más difícil. Mi rutina en plena cuarentena era muy sencilla: me levantaba, desayunaba, sacaba a las perras lo poco que podía, entrenaba, comía, pasaba la tarde jugando o cocinando recetas con mi familia, cenaba y así sucesivamente. No había mucho que hacer y, por tanto, la comida adquiría un lugar prominente en el día a día. Comía absolutamente todo lo que mi madre y mi hermana comían, y eso significaba que unos días comíamos lentejas, otros días comíamos carne con verduras y otros, pasta o arroz. También era habitual merendar porque solíamos cocinar o ver alguna serie juntas, y eso significaba que siempre acabábamos tomando algo. Además, teníamos dulces para tomar como postre porque siempre hemos sido muy dulzonas y en casa nunca ha faltado alguna que otra «tontería», como las llama mi madre. Muchos días tomábamos helado de postre, unas galletas o algún dulce que hubiésemos cocinado esos días. A mí me costaba controlarme frente a tanta comida que antes no me permitía, y aunque quería seguir comiendo me ayudaba el hecho de que nunca estaba sola y, por tanto, eso evitaba el atracón. Algunas mañanas me levantaba pensando en que estaba cogiendo peso y quería volver al punto de partida, pero pronto me convencía de que tenía que intentarlo un poco más. También había días en los que, durante el desayuno, me tomaba entre uno y dos paquetes de galletas, y esa operación se repetía cada día. Al permitirme toda esa comida de golpe y saber que podía comerla a diario, solo quería seguir comiéndola. Sentía que era como una niña a la que le habían prohibido comer ciertas cosas durante años, y ahora que finalmente la dejaban comerlas no podía parar de hacerlo. Sin embargo, y aunque ese era uno de mis mayores miedos, yo misma notaría como poco a poco empezaría a ser más fácil controlarme y parar de comer cuando no tenía más hambre.

Al mismo tiempo, y seguramente como la mayoría de las personas en la cuarentena, hacía mucho deporte. Como no teníamos mucho más que hacer durante el día, usaba mis mañanas para entrenar e incluso había conseguido instaurar una hora para hacer deporte con toda la familia. Aunque en cierto modo eso seguía siendo una forma de compensar la comida que comía, ya no lo sentía así, porque empezaba a escucharme y descansar cuando lo necesitaba. Veía que si descansaba un día, a pesar de haber comido de todo, al día siguiente retomaba la rutina con más ganas.

Creo que, en general, durante la cuarentena se unieron varios factores que hicieron que mi cambio de mentalidad fuese completo, y aunque después explicaré exactamente los pasos que para mí determinaron la recuperación de mis TCA, quiero que sigáis mi camino y mi historia un poquito más.

Según pasaba la cuarentena notaba que mi relación con la comida empezaba a cambiar. Hacía menos de un mes que me había propuesto dejar de hacer dieta, pero, más que ese simple cambio, parecía que un engranaje en mi cabeza hubiese hecho clic. Había dejado de martirizarme cada vez que comía un dulce o un plato de pasta, y aunque a veces seguía teniendo sentimientos de culpa, no dejaba que esos pensamientos guiasen mis acciones con la comida. En parte gracias al deporte que hacía, también empezaba poco a poco a encontrarme mejor físicamente, notaba que tenía más energía e incluso bajaba de peso o, al menos, me deshinchaba. Fiel a mi promesa, no me había pesado en lo que llevaba de cuarentena, pero me veía mejor y poco a poco iba aceptando que quizá mi cuerpo necesitaba un respiro después de tantos años de dietas y atracones. En general, sentía que algo dentro de mí estaba cambiando y, por primera vez, empezaba a sentirme libre, libre de verdad.

El cambio que estaba dando de mentalidad hacía que me replantease muchas cosas a mi alrededor. Acababa de terminar el mes que me faltaba de trabajo y eso significaba que estaba oficialmente en desempleo. No tenía claro por dónde quería tirar una vez pasase el COVID, pero como el futuro era muy incierto decidí dejar esa decisión para más adelante. Del mismo modo, sentía que mi relación con Marco se enfriaba cada vez más y, aunque le quería, notaba que necesitaba sanar y redescubrir quién era Olga sin él, pero también quién era Olga sin TCA. La decisión de irse a Italia a trabajar, unido a que yo estaba en España y al hecho de que no sabíamos cuándo nos volveríamos a ver, tampoco facilitaba la relación, ya que, precisamente, saber cuándo volveríamos a vernos era lo que normalmente nos ayudaba a seguir adelante con la relación a distancia. La decisión no fue nada fácil, al igual que tampoco fue fácil enfrentarme al hecho de que, a pesar de lo que yo creía (que Marco era el amor de mi vida), no habíamos podido superar ese bache.

El día que le di la noticia me partiría en dos. Como no podíamos vernos, decidí llamarle por teléfono e intenté explicarle con palabras cómo me sentía. Al inicio pensó que lo que yo necesitaba era un tiempo para pensar y que quería tomarme las cosas con calma, pero a medida que la conversación avanzaba se daba cuenta de que estaba llegando el final. Creía que él ya había intuido que algo no iba bien, porque los meses anteriores no habíamos pasado por nuestro mejor momento; sin embargo, pareció que la noticia le cogía completamente desprevenido. Mientras intentaba explicarle los motivos, él se volvía cada vez más frío, y el amor que habíamos sentido el uno por el otro parecía esfumarse en un simple segundo. Después de colgar el teléfono lloré desconsoladamente. Una vez más, no tenía nada claro si había hecho lo correcto o no, pero sabía que eso solo podría decírmelo el tiempo.

El eco de la felicidad

Aunque tenía el corazón roto, intentaba enfocar mis días en dos cosas: el deporte y la recuperación del TCA. Llevaba más de tres meses sin tener atracones, tampoco pensaba todo el día en comida y había comenzado a no necesitar comer dulce a diario. Todo indicaba que iba por el buen camino, pero no sería hasta un día en concreto cuando me daría cuenta.

Mi madre había preparado una paella para celebrar el cumpleaños de mi hermana. Como aún estábamos en confinamiento, habíamos decidido celebrarlo en el patio de nuestra casa y hacerle una tarta casera para que pudiese soplar las velas. Había llegado el punto en el que no me preocupaba comer una paella y después tomar postre, porque sabía que eso no significaba absolutamente nada. De hecho, cuanto más normalizaba el comer de todo, mejor me sentía con mi cuerpo. Mi madre me sirvió un plato contundente de paella y pensé: «Me lo voy a comer todo y voy a repetir», pero algo sorprendente estaba a punto de ocurrir. Cuando llevaba un poco más de medio plato, empecé a notarme llena. Hacía muchísimo tiempo que no notaba la sensación de saciedad y, si lo había hecho, era tras un atracón cuando estaba incómodamente llena. No sabía exactamente si era eso lo que sentía, pero a medida que seguía comiendo notaba que no podía comer mucho más. Me acabé el plato, sí, pero a la hora de servir el postre tuve que decir algo que jamás hubiese pensado decir: «Yo ahora no, estoy llena». Después de seis años de TCA, por primera vez había conseguido saciarme después de una comida. Por primera vez podía decir «no puedo más» sin que eso supusiese que me acababa de dar un atracón. Había podido comer una ración de comida normal y acabar saciada, y eso era algo que ni en mi mejor sueño hubiese imaginado.

A esa comida la siguieron otras después, y a medida que yo seguía comiendo suficiente, más conseguía saciarme, incluso llegué hasta el punto de poder dejar comida en el plato. Parecía increíble que algo tan simple como el hecho de dejar de hacer dieta y permitirme todo tipo de comidas me hubiese llevado hasta ahí, y, efectivamente, así era. Había dado con la clave que me permitía acabar con el TCA y, aunque sabía que aún podría tener recaídas, también entendía que ya nada iba a volver a ser como antes.

Años atrás había prometido que, si un día salía de los TCA, lo contaría al mundo y me dedicaría a ayudar a otras personas en mi misma situación. Dar con esa clave despertó algo dentro de mí que llevaba mucho tiempo deseando salir. Tenía que contarlo. El día 4 de abril de 2020 subía mi primer vídeo a YouTube contando mi experiencia. Decidí abrirme en canal y compartir con el mundo lo que había vivido y cómo había llegado hasta ahí. Quería ser una fuente de esperanza para personas que, al igual que yo, sentían que no había salida y que por más que lo intentasen era en balde. Sacar todo lo que sentía a la luz me ayudó no solo a conectar con muchísimas personas que, incluso a mi alrededor, también sufrían un TCA, sino también a dar un paso más en mi recuperación y sentir que, de verdad, estaba llegando el fin.

Sanar el TCA me permitía hacer las paces con muchas más cosas además de mi relación con la comida y mi cuerpo. Sin darme cuenta, llevaba casi siete años sin vivir la vida como quería porque siempre estaba detrás la preocupación de que iba a coger peso o de que tenía que adelgazar. Llevaba años sin decir que sí a los planes espontáneos, a salir con amigos y disfrutar de unas cervezas o de una pizza, al igual que disfrutar del tiempo en familia. Empezaba poco a poco a reconectar con lo que me hacía feliz de verdad y a pensar que quizá mi vida aún tenía muchas sorpresas que darme.

El final de la partida

Una de las noches antes de que finalmente se acabasen las restricciones con vistas al verano, escribí a Marco. Decidí mandarle una foto del salmorejo que mi madre estaba preparando porque sabía que le encantaba. No sé muy bien qué contestación esperaba recibir de esa foto, sobre todo sabiendo cómo había acabado nuestra última conversación, pero ese salmorejo me recordaba tanto a él que simplemente sabía que tenía que enviárselo. A pesar de mi sorpresa, Marco contestó con un simple mensaje que significaría todo:

¡Lo estás colando! A mí siempre me faltaba ese paso, cuántas veces me has regañado por eso, ja, ja, ja.

Que respondiese así, después de meses sin hablarnos, me hizo reconectar con todo lo que me gustaba de él y echarle muchísimo de menos. Esos meses sin hablar no habían sido nada fáciles. Había intentado pasar página, pero el recuerdo de lo felices que éramos cuando vivíamos juntos seguía clavado en mi mente. Tampoco sabía si haber dejado el TCA atrás había cambiado también mi relación con él, pero desde luego sabía que no quería volver a ocultarle nada nunca más. Esa noche hablaríamos hasta las 5.30 de la mañana, y desde ese día hasta hoy la conversación en ningún momento se acabaría.

ANEXO

ANEXO

Lo que os he contado hasta ahora es parte de mi historia con el TCA, una parte muy importante y significativa para mí y para todos los que han vivido o viven a diario con ello.

He querido plasmar lo que significa tener un TCA más allá de lo que conocemos por su significado: los pensamientos, la desesperación, la depresión, el machaque mental y físico y cómo se puede llegar a un punto de no retorno casi sin darse cuenta. Todo eso es parte de la historia y, por tanto, parte de todos nosotros; pero ahora hablaremos de la otra parte de la historia, la parte en la que es posible encontrar el final del túnel y cómo conseguir llegar hasta ahí. Aquí encontraréis una guía del paso a paso para la recuperación de un TCA, así como recursos que podrán ser de vuestra utilidad tanto si lo padecéis como si conocéis a alguien que esté pasando por esta situación. Espero que os ayude.

La otra parte del TCA empieza en el fin de la anterior. Tras pasar el COVID y viendo que había conseguido curarme finalmente del TCA, decidí empezar a estudiar nutrición. Era un mundo que me apasionaba y del que quería entender más, y sabía que en ese momento sí podría enfrentarme a descubrir nueva información y contrastarla con las opiniones que yo tenía sobre la comida. Había asumido tantas cosas a lo largo de los años de TCA que ya no sabía qué significaba nutrirme o comer en equilibrio, así que decidí empezar a estudiar por placer la formación profesional de dietista. Durante los dos años que duró la formación aprendí muchísimo y le di un sentido completamente diferente a la nutrición. Aprendí que comer variado era la mejor estrategia para conservar la salud, y también aprendí que «salud» es un término muy amplio y que no significa precisamente tener un cuerpo delgado con abdominales (como podía pensar cuando tenía el TCA). Sin embargo, mientras estudiaba y hacía las prácticas, también vi que había un vacío. En la universidad se explicaba qué eran los TCA, pero era un único tema de una asignatura y no se enseñaban los métodos para abordarlos ni cómo ayudar a un paciente con TCA en consulta. La mayoría se centraba en elaborar pautas nutricionales completamente medidas y calculadas según el porcentaje de grasa y músculo del paciente, y teniendo en cuenta su gasto calórico diario.

Aunque saber eso es una capacidad esencial para ser dietista o nutricionista, me di cuenta de que faltaba información. En todas esas pautas no se tenía en cuenta la salud mental del paciente ni si podía o no tener un TCA y, con ello, miedo a engordar, miedo a comer determinados alimentos, una mala relación con la comida, etc. Vi claramente que se necesitaban profesionales formados en TCA que entendiesen al cien por cien lo que se vive y lo que se siente, porque, si no, a otra persona podría pasarle como a mí en su día: que iría a un profesional deseando curarse y dar con una solución y únicamente se hundiría más en el TCA, además de dejar de confiar en los profesionales de la salud.

Tras acabar la formación profesional decidí realizar un curso de experto en TCA donde se abordaba la psicología de los TCA y estrategias tanto psicológicas como nutricionales para tratar a esos pacientes. Sabía que necesitaba ambas perspectivas si quería ayudar de verdad a otras personas. Así fue como, a los pocos meses de terminar el curso, decidí iniciar mis propias consultas como dietista especializada en TCA y empezar a comunicar en redes todo lo que había aprendido sobre ellos.

Gracias a mi propia experiencia y a la que he adquirido al tratar a otros pacientes que también se han recuperado, quiero compartir las claves esenciales para la recuperación de un TCA y explicar cada una de ellas. Obviamente, esto no es una consulta profesional individualizada y más abajo entenderéis la necesidad de aclarar esto, pero es importante que veáis esta parte del libro como una guía con recursos prácticos, en vez de una consulta de nutrición o psicología individualizada para un caso específico.

LAS CLAVES

1. Buenos profesionales

Como habéis podido ver en este libro, un TCA es una enfermedad que afecta a nivel físico y que está relacionado con la comida, pero que se origina en la mayoría de los casos por unas convicciones mentales que acaban constituyendo la enfermedad. De hecho, y como ya sabéis, el TCA es una enfermedad mental. Por eso, es importante tener esto en cuenta a la hora de elegir a los profesionales que os pueden ayudar. Los tratamientos que mayor éxito tienen en la recuperación de pacientes con TCA son los multidisciplinares, es decir, los que abordan el TCA desde una perspectiva nutricional y psicológica. Por tanto, lo más importante es buscar un dietista/nutricionista especializado en TCA y un psicólogo especializado en TCA. Creo que no hace falta explicar por qué tiene que estar especializado en TCA, ya que al igual que no se va a un otorrino a tratar un problema digestivo, tampoco se va a un nutricionista especializado en ganancia muscular a tratar un TCA. Del mismo modo, creo que es importante mencionar que no os deis por vencidos. Lamentablemente, al igual que en todos los campos, hay profesionales mejores y peores, y he tenido casos de pacientes que a pesar de estar con un nutricionista o dietista especializado en TCA estos no han sabido tratarlos. Por eso, si creéis que ese profesional no os está ayudando o simplemente os da otra dieta más, no desistáis y cambiad de profesional. En el caso de que hayáis sido derivados a ese profesional por parte de la seguridad social, ocurre igual. Si creéis que el enfoque no es adecuado, comentadlo con vuestro médico para buscar otra solución.

2. Dejar de restringir

A lo largo del libro habéis podido ver que además de los atracones había una cosa que era recurrente en mi vida con el TCA: las dietas. Cada vez hay más evidencias de que las dietas temporales no funcionan, ya que, aunque es cierto que se pierde peso, si no se cambian los hábitos que han llevado a ese aumento de peso, se volverá a coger. Igualmente, las dietas no tienen en cuenta muchos factores, como la saciedad, la buena relación con la comida, la autoestima o problemas personales de cada paciente. Por eso no es de extrañar que uno de los efectos secundarios más frecuentes de las dietas sean los TCA, además del tan sonado «efecto rebote». Para poder comprender que no tener restricciones es la clave para terminar con un TCA es necesario entender cómo funciona nuestro cuerpo. Nuestro cuerpo es muy inteligente (creo que eso es algo que tanto vosotros como yo sabemos), sabe perfectamente los procesos que tiene que seguir para respirar cada día, digerir la comida que tomas, crear energía de tus células para que puedas hacer todo lo que quieres en tu día a día y muchas otras cosas más. Del mismo modo, sabe perfectamente cuándo necesita energía y cuándo no, y eso te lo hará saber por tus señales de hambre y saciedad. El problema actual es que muchas de esas señales no se escuchan o se pierden (muy común en un TCA). Al restringir mucha comida por un espacio largo de tiempo, y, por tanto, no hacer ni caso a lo que tu cuerpo te pide, este entra en modo «pánico», como yo le llamo, es decir: crea mecanismos para compensar la falta de comida porque tu cuerpo lo único que quiere es que sobrevivas y tengas energía. Algunos de esos mecanismos pueden ser: perder la menstruación en el caso de ser mujer (ahorra la energía que invertiría en ese proceso para sobrevivir), pedirte más horas de sueño (te cansas más y te notas sin energía), así como pedirte comida a todas horas y que esta sea alta en energía. Así es como les explico a mis pacientes lo que son los atracones, e intento que dejen de verlos como algo malo para que puedan verlos como una consecuencia de que algo no está funcionando bien. En la mayoría de los casos es que el cuerpo está pidiendo más comida y, por tanto, más energía. Ahora bien, quizá cada uno de vosotros os estéis preguntando: «Pero, Olga, si me pide más comida, ¿por qué hay semanas que tengo atracones a diario y aun así no es suficiente?». Porque tu cuerpo sigue en modo «pánico». Al igual que tu cuerpo es sabio, tu cuerpo no es un robot o un ChatGPT y, por tanto, no es capaz de predecir lo que vas a hacer si no cambias tu comportamiento. Él lo único que ve es que tú restringes comida a menudo y luego hay momentos puntuales en los que tienes atracones y hay más energía, pero él no sabe si mañana vas a comer suficiente o no porque cada día sucede una cosa distinta. Esto también nos viene bien para explicar por qué no creo que cuando tienes ganas de darte un atracón puedas, simplemente, «irte a pasear» o «ponerte música y olvidarte del atracón». Al final es algo que tu cuerpo te está pidiendo por necesidad y que, en el fondo, tú quieres hacer. Para resumir este punto, decir que es esencial comer suficiente a diario para que el cuerpo se vaya acostumbrando, que entienda que no va a faltar comida y pueda salir de ese modo «pánico». ¿Y qué es comer suficiente? Pues por eso es necesario trabajar con un profesional que te pueda guiar sobre la comida y los nutrientes que necesitas y que te ayude a organizar un plan en el que no falte comida.

3. Incluir todo tipo de alimentos en las comidas

Este punto está relacionado con el anterior por el hecho de restringir, pero es más importante aún. A menudo, las personas con anorexia, vigorexia, atracones, bulimia, etc., tienen pavor a ciertos alimentos en mayor o menor medida. Lo más común es temer los carbohidratos y las grasas (pasta, pizza, dulces, queso, comidas procesadas, etc.), pero también hay veces que se temen alimentos del día a día, como puede ser la leche, el pan, la carne o cualquier cosa que no sea verdura. Este miedo a este tipo de alimentos, además de promover la restricción, hace que la persona con TCA sea mucho más propensa a darse atracones con ese tipo de comida. Por un lado, porque, como hemos dicho, el cuerpo pasa hambre y, por otro lado, porque a la mente no le gusta que le prohíban cosas, y, si lo haces, te va a mandar a freír espárragos. Pongamos un ejemplo: ¿qué pasa si os digo ahora mismo que está prohibido durante un mes salir a caminar? Seguramente, el primer día o los primeros días no te pase nada, pero al poco tiempo lo único en lo que pensarás es que quieres salir a caminar. Lo mismo pasa con estos alimentos. Prohibirlos solo hace que los quieras más y que no puedas contenerte cuando estás cerca de ellos, y si a eso le sumas que necesitas comer más y necesitas energía rápida, blanco y en botella. Del mismo modo, una de las cosas que he visto con mis pacientes es que tanto para sanar un TCA como para tener una buena relación con la comida después hay que volverse a enamorar de la comida y disfrutar de las cosas que comes. Esto no significa comer siempre pasta, dulces, etc., porque tampoco es algo que te va a apetecer todos los días (aunque estoy segura de que ahora mismo estarás pensando «sí, claro»). Sin embargo, cuando te sacias e incluyes todo tipo de comidas en tu alimentación, verás que te es mucho más fácil mantener una alimentación equilibrada porque podrás elegir conscientemente qué es lo que mejor le sienta a tu cuerpo y qué es lo que le apetece en cada momento. Eso significa que llegarás a comerte una ensalada buenísima y disfrutarla como nadie, al igual que un plato de pasta o unas galletas y disfrutarlos sin necesidad de acabarte el plato o comerte todo el paquete de galletas.

4. Trabajar la autoestima

La mayoría de las personas que tienen un TCA vienen a consulta con una autoestima muy frágil o prácticamente nula. Un pensamiento recurrente es el miedo o el pánico a engordar y todo lo que eso conlleva. Mi temor a coger peso fue lo que hizo que, por mucho que lo intentase, siempre acabase volviendo a restringir o a hacer dietas, ya que mi único objetivo era bajar de peso para verme bien. Claramente, si no se trabaja la autoestima al comienzo del tratamiento y se empieza a quitar o disminuir el miedo a coger peso, es muy difícil que esa persona se atreva a incrementar la cantidad de comida que come o introducir alimentos que considere «malos» o alimentos que cree que le van a hacer engordar. Si, además de eso, tenemos en cuenta que tener atracones generalmente conlleva una ganancia de peso, puedes creer que teniendo atracones y no compensándolos solo te hará engordar muchísimo. Sin embargo, hay que confiar en el proceso para poder ver como, poco a poco, los atracones se reducen y esa ganancia de peso se estabiliza, además de todo lo que se gana al sanar un TCA (vida social, paz con la comida, mejores relaciones personales, etc.). De nuevo, aquí recalco la importancia de trabajar con un psicólogo especializado que pueda abordar estos temas y ayudar al paciente.

5. Tratar otros temas (relaciones personales, relación con el deporte, estrés, etc.)

Es importante tener en cuenta que un TCA afecta a todos los aspectos de la vida y, por tanto, es posible que haya que trabajar otras áreas que pueden estar provocando una recaída en el TCA. Por ejemplo, a pesar de comer más cantidad y trabajar la autoestima, si el paciente tiene una mala relación con el deporte y trata de «quemar» todo lo que come en el gimnasio, al final no deja de ser una forma de compensación que hará que el TCA siga ahí. Del mismo modo, si hay una situación familiar o laboral muy estresante que está produciendo picos de ansiedad o estrés en el paciente, es probable que le cueste más acabar con el TCA, ya que ahí hay una situación que es un foco de malestar y seguramente lo pague con la comida. De nuevo, esto es algo que yo trato en consulta y que considero necesario en todo abordaje de un TCA.

Estas son las claves que considero más importantes a la hora de entender los TCA y su proceso de recuperación. Sin embargo, los trastornos de la conducta alimentaria son complejos y muy diferentes dependiendo del paciente, por eso es esencial buscar ayuda especializada que pueda valorar el caso correctamente y buscar la mejor solución posible para el paciente. Si tú o un familiar o conocido estáis viviendo una situación familiar parecida, no lo dudéis y buscad ayuda.

Por eso, y para que sepáis por dónde empezar, quiero dejaros una sección de recursos con centros recomendados por pacientes que han tenido TCA, así como profesionales que podéis seguir en redes sociales y otros recursos que pueden ser de utilidad.

Y recordad: no estáis solos.

Centros especializados en TCA y recomendados por otros pacientes

Centros públicos
- Unidad de TCA en el Hospital de Málaga.
- Unidad de TCA en el Hospital Santa Cristina en Madrid.
- Unidad de TCA en el Hospital Ramón y Cajal en Madrid.
- Unidad de TCA en el Hospital Gregorio Marañón en Madrid.
- Unidad de TCA en el Hospital de Móstoles en Madrid.
- Unidad de TCA en el Hospital Niño Jesús en Madrid.
- Unidad de Nutrición del Hospital de la Paz en Madrid.
- Hospital Bellvitge en Barcelona.
- Unidad de TCA del Hospital Universitario MútuaTerrassa.
- Unidad de TCA en el Hospital de Badajoz.
- Unidad Salmantina de Trastornos Alimentarios (USTA).

- Hospital Universitario Son Espases en Palma de Mallorca.
- Hospital Sant Joan de Déu en Barcelona.

Centros y profesionales privados y asociaciones especializados en TCA

Como profesional especializada en TCA (dietista) también me incluyo en este listado y podrás encontrarme a través de mis redes sociales:
- @olga.alejandre
- @obylagom

Más centros:
- Asociación Afectamur.
- Asociación Adaner.
- Asociación FEAFES.
- Asociación ACLAFEBA.
- Asociación Gull Lasègue.
- Centro Adalmed.
- Centro ITEM.
- Centro Ikigai Terrassa – Psicología.
- Rafael Santandreu – Psicólogo.
- Júlia Pascual – Psicóloga.
- Miananutri – Nutricionista.
- Azahara Nieto – Nutricionista.
- Kokoro – Psiconutrición.
- Luis Beato – Psiquiatra.
- Enaltea – Psiconutrición.

– Eatica – Psiconutrición.

– Albanta – Psicología.

Grupo de Telegram formado por personas con TCA o que quieren sanar su relación con la comida:

Otras cuentas que pueden ayudarte a sanar la relación con la comida y tu cuerpo:

– @igualhablando

– @nosehabladelcuerpodeotros

– @stefyactiva

– @raquelobaton

– @nutricionisthenewblack

– @teresalopezcerdan

– @yopuedotupuedes__

– @maria_esclapez

– @magda_pineyro

– @croquetamente__

– @yosoymasqueuncuerpo

– @somoshaes

– @miananutri

- @quitalepesoalavida
- @la.no.dieta
- @kokoro_psiconutricion
- @nutricioncontca

AGRADECIMIENTOS

A mi madre, por apoyarme siempre en todo lo posible, por ser mi pilar en la recuperación del TCA y animarme a seguir luchando, pasase lo que pasase.

A mi hermana, por estar siempre a mi lado, recordarme lo importante de la vida y quererme casi como una madre (que un poquito siempre lo ha sido).

A mi padre, por no soltarme de la mano, ayudarme cuando más lo necesitaba y seguir haciéndolo cada día con cariño y muchísima paciencia.

A mi pareja, por quererme cada día como lo hace, por estar ahí mientras lloraba por las noches, por recordarme que era importante incluso cuando me sentía la persona más pequeña del mundo. También por hacerme las cenas cuando me quedaba hasta las tantas de la noche escribiendo y por aguantarme mis quebraderos de cabeza y autoexigencia para que este libro fuese perfecto. ♥

A mis amigos, por ser siempre luz y alegría, por estar ahí incluso cuando estaba a miles de kilómetros de distancia, y apoyarme siempre en cada una de mis locuras (que no son pocas).

A Ariane, mi editora, porque, además de ser una bellísima persona, me ha ayudado a encontrarme a mí misma como escritora y por darme ánimos cuando no estaba segura de nada.

A Gonzalo, por encontrarme ese día en Instagram y proponerme este proyecto tan maravilloso.

Y, por último, a todas vosotras, las ciento setenta mil personitas que me seguís a través de las redes y que me animáis cada día a compartir todo este proceso. Estoy segura de que, juntas, cambiaremos el mundo.